中外教育名著导读书系

U0589334

希腊三贤的教育思想

郝维仁 孔翠薇 著

吉林文史出版社

图书在版编目（CIP）数据

希腊三贤的教育思想 / 郝维仁, 孔翠薇著. —— 长春:
吉林文史出版社, 2013.11（2021.6 重印）
（中外教育名著导读书系）
ISBN 978-7-5472-1786-3

Ⅰ. ①希… Ⅱ. ①郝… ②孔… Ⅲ. ①苏格拉底（前
469~前399）–教育思想②柏拉图（前427~前347）–教
育思想③亚里士多德（前384~前322）–教育思想 Ⅳ.
①G40–095.45

中国版本图书馆CIP数据核字(2013)第275479号

希腊三贤的教育思想

XILASANXIANDEJIAOYUSIXIANG

著/郝维仁 孔翠薇

责任编辑/高冰若

责任校对/李洁华

封面设计/李岩冰 董晓丽

印装/三河市燕春印务有限公司

开本/720mm×1000mm 1/16

字数/170千字

印张/11

版次/2014年3月第1版 2021年6月第6次印刷

出版发行/吉林文史出版社（长春市福祉大路5788号）

书号/ISBN 978-7-5472-1786-3

定价/39.80元

contents

导 言

　　苏格拉底（Socrates）、柏拉图（Plato）、亚里士多德（Aristotle）三个名字某种程度上就意味着欧罗巴文化的古代世界，被誉为"古希腊三贤"。他们的思想学说对西方文化的发展产生了深远的影响。从最根本的意义上来说，"三贤"是思想家、哲学家，尽管他们从事过今天谓之教育的行为，但他们绝非当下意义的教育家——他们对教育的关注并非源于教育自身，而是将其置于自己思想的传承，尤其是将自己思想付之于实践需要的实际举措之一，故而他们的教育思想体系的不完善并不仅止于教育发展的初始，而是与其看待教育的地位有着极强的关系，换言之，依据今天的教育理论审视"三贤"的教育思想时，很多问题必须到教育思想之外甚或是其全部思想中去理解并建构其教育理论价值，但毋庸置疑的是"三贤"思想的教育阐释是西方教育理论的形成和发展的奠基之作。

　　教育是人类社会发展的产物，教育无法超脱社会现实，教育思想也无法脱离个体及其社会处境而无条件超越。"三贤"思想的历史背景是古代的希腊世界，是希腊借由伯里克利的辉煌民主到希腊化时期的民主制衰落之际，重拾希腊民主制的辉煌是三人的共同诉求，但三人的生活年代有异，生活经历不同，思想基础也迥异，这使得我们在解读三人思想时既要存异，与此同时更要知同，其同之一：三人同为思想者，今天称为"哲学家"——Philosopher，希腊文原意是"爱智者"，他们处于社会制度崩坏之际，他们矢志以求的就是找寻到纷纭现象背后的本质即"变中之不变"。其同之二：他们不止是思想家、哲学家，他们也是践行者，苏格拉底甘愿以生命成就自己的道义；柏拉图为了实现自己的政治主张险陷"不人之境"——被卖为奴隶后经友人相助脱险；亚里士多德虽然未曾涉足政治，但一是终难摆脱政治且某种程度上是因之离世，二是其中经弟子亚历山大的宏图大志终成不世之想。其同之三：三人在冥思苦想、矢志践履之间，所见略同之处就是将教育作为其思想见之于行动的选择之一，或者说三人践行的共同举措就是"教书育人"，这也是我们得以讨论"三贤"教育思想的根本原因。苏格拉底的广场施"法"——精神助产术、柏拉图的阿加德米（Academy）、亚里士多德的吕克昂（Lykeion）都成为西方教育史不朽之作！

　　"三贤"思想的伟大既在于其思想本身的历史价值，某种程度上也是由于后人言说过程的去世俗化而"就神圣化"所致。而事实是，人类思想的亘古价值不在于神化而应在于人化——毕竟芸芸众生难为圣贤，我们之所以努力去领略哲思的真谛不是困其超脱而是超越——一定程度上的远离庸常但绝非弃世俗于不顾。对于"三贤"思想的解读一方面不可失其伟大——因其有超越，但也不可困其玄远——神则无人。人化的关键是"人话"：了解其思想的现实基础，理解其思想的言说主旨，把握其思想的逻辑脉络。做到这一切的方法就是努力去还原——回到那个时代、回到那个人的生活、回到那个人的思想诉求。只有这样，我们才能实现"二度穿越"：首先是回到过去真正领略其人哲思之谛，而后才是将其带回当下以期有功于现实之困，此谓之伟大思想的自然人性主义或自然主义人性释读。

一 苏格拉底

（一）苏格拉底的生平与生活时代

苏格拉底（Socrates，公元前 469—公元前 399），生于雅典附近阿洛佩凯的一个手工业者家庭，父亲索弗罗尼斯克斯是雕刻匠，母亲法伊纳列特是位助产士。他早年学过雕刻技艺，也曾在他父亲选择的初等教师的指导下学习，熟读荷马等诗人作品。他学习过数学、几何、天文学和音乐多方面的知识，对哲学尤感兴趣［有人说他是古希腊哲学家阿基老(Archelaus)的弟子，是阿那克萨哥拉(Anaxagoras)的再传弟子］。苏格拉底曾自谓："我一生没有庸庸碌碌地过，我不关心众人所关心的，理财、治家、领兵，不要做公众演说（指政治生涯），也不做别的当权者，不想参加城里的朋党和帮派……"[1] 20 岁时苏格拉底开始学习哲学，喜欢在公共场合与人谈论问题。苏格拉底从 30 岁开始，大部分时间都用于从事教育工作，被认为是第一个当公众教师的雅典人。40 岁前后苏格拉底有了一批追随者，经常与弟子们谈论有关哲学、道德、社会和艺术等问题，主要精力放在更多地考虑国家利益和公众利益上。

苏格拉底一生经历了雅典民主制度由盛到衰的过程。在他青少年时代，雅典的民主制度蒸蒸日上，盛极一时。由于伯里克利的改革，过去只有上层贵族能享受到的权利，现在一般公民也能享受到。像苏格拉底的父亲这样的手工业者也有参加选举和担任公职的权利。希波战争的胜利，使雅典成了爱琴海各城邦的盟主，迅速繁荣富足起来。这时雅典工商业发达，文化艺术达到当时最高的水平。但是繁荣富足背后也隐藏着危机。雅典人开始变得骄傲自满、奢侈淫逸、见利忘义、道德败坏。民主制度逐渐变质，变成无政府主义，国家政权被一些争权夺利和平庸无能的人所掌握，民主徒有形式。这样，雅

---

[1][古希腊]柏拉图著,吴飞译.苏格拉底的申辩[M].北京:华夏出版社,2007.126-127.

典经过一段时期的繁荣之后，逐渐走向衰落，最后竟在与斯巴达的战争中吃了败仗。中年以后的苏格拉底目睹了雅典的衰落过程。苏格拉底热爱祖国雅典，热爱雅典的人民，眼看着雅典城邦日益衰落，民风日下，他十分悲痛，决心用自己毕生的精力来挽救祖国的命运。为了保卫祖国，他三次从军作战。在战斗中，他机智勇敢，不仅能英勇杀敌，而且能保护战友，曾两次冒死救出他的学生和战友。和他一起作战的战友都说，与苏格拉底在一起作战就会感到安全。在行军中苏格拉底特别能吃苦耐劳。有一次行军正值严冬，他穿着单薄的衣服，光着脚在冰上行走，却和穿着鞋的士兵走得一样好。他从小注意锻炼身体，体格强健，这为他行军作战置若等闲、奋不顾身打下了坚实的基础。由于苏格拉底坚持真理、主持正义，经常批评雅典统治阶层的腐败，甚至批评一些最高领导人，因而遭到他们的忌恨。在他70岁的时候，他被雅典的统治者以"不敬神""腐蚀青年"的罪名判处死刑。他的学生和朋友们多次劝他逃离雅典，并为他安排了万无一失的逃跑计划。但他坚决拒绝。他认为，尽管加给他的罪名纯属诬陷，但他既是雅典的公民，就应该遵守雅典的法律。行刑的那天，来看望他的学生和亲友都十分悲痛，而他却镇定自若，谈笑依旧，最后从行刑官手里接过毒酒，一饮而尽，从容赴死。

苏格拉底是古希腊中期哲学和教育史上饶有趣味的人物，黑格尔说他是"具有历史意义的人物"[1]。"德尔斐神说苏格拉底是最智慧的人……"[2]哲学家克利索斯当（Dio Chrysostom45—115）强调苏格拉底作为教育家的角色，赞美苏格拉底激励人们追求德性生活的努力。他认为，苏格拉底的使命并不限于罗马，而是对全人类都有益的。"[3]苏格拉底一生没有著作，其思想主要来自柏拉图的早期对话录和色诺芬的《回忆苏格拉底》（因作者色诺芬是苏格拉底的弟子，因此，也有把它译为《师门回忆录》的）。关于柏拉图的早期对话录的著述较多且后文会约略述及，这里主要阐释色诺芬的《回忆苏格拉底》中的教育思想。

---

[1]黑格尔.哲学史讲演录（第2卷）[M].北京: 商务印书馆, 1981.39.
[2][古希腊]柏拉图著; 吴飞译.苏格拉底的申辩[M].北京: 华夏出版社, 2007.9.
[3][古希腊]柏拉图著; 吴飞译.苏格拉底的申辩[M].北京: 华夏出版社, 2007.14.

（二）主要教育思想

1. 教育观

（1）教育的功能

教育对人来讲，其作用如何？人的品德是天生的呢，还是由教育得来的呢？（亦即回答天赋与教育在人的形成中的作用问题）作为思想家，苏格拉底对这个问题做了明确的回答：尽管人的天赋上存在差异，有的人生来就聪明些，有的人生来鲁钝些；有人生来大胆，有人则禀性怯懦，但不论天赋好的还是天赋坏的，都必须受到适合的教育，才能真正成为一个有德性的人、一个有用的人。

禀性差的人固然应受教育，禀性好的人更应受教育。有人自恃禀赋好而轻视学习，苏格拉底针对这样的人说："越是禀赋好的人越需要受教育。那些烈性而桀骜不驯的良种马，如果在小的时候加以驯服，就会成为最有用、最骁勇的千里马，但如果不加以驯服，则始终是难以驾驭的驽马而已。……同样，禀赋最优良的、精力最旺盛的、最可能有所成就的人，如果经过教育而学会了他们应当怎样做人的话，就能成为最优良、最有用的人，因为他们能够做出极多、极大的业绩来；但如果没有受过教育而不学无术的话，那他们就会成为最不好、最有害的人，因为由于不知应该选择做什么，就往往会插手于一些罪恶的事情，而且由于狂傲激烈、禀性偏强、难受约束，就会做出很大很大的坏事来。"[1]

有的人以财富自居，认为有了财富就可以得到人们的尊重，苏格拉底教导他们说："只有愚人才会自以为不用学习就能分辨什么是有益的和什么是有害的事情。也只有愚人才会认为，尽管不能分辨好歹，单凭财富就可以取得自己所向往的并能做出对自己有利的事情。只有呆子才会认为，尽管不能做出对自己有利的事情，但这也就是做得不错了，而且也就是为自己的一生做了美好的或充分的准备了。只有呆子才会认为，尽管自己一无所知，但由于有财富就会被认为是个有才德的人，或者尽管没有才德，却会受到人们的尊敬。"[2]

苏格拉底对于教育充满了信心，他认为"任何人间所称之为美德的东西"

[1][古希腊]色诺芬著，吴永泉译.回忆苏格拉底[M].北京：商务印书馆，1986.139.
[2][古希腊]色诺芬著，吴永泉译.回忆苏格拉底[M].北京：商务印书馆，1986.139.

都是可以"通过学习和实践来增进的"。苏格拉底不知疲倦地躬行着自己的信念，为了教育人为善，他甚至不惜牺牲自己的生命。

（2）教育目的

人生的目的就是通过教育和实践来了解人，了解人在宇宙中的地位，了解做人的道理。人有了知识，他就能懂得如何做人，知道了如何做人的道理，就算走上了"自我实现"的道路。这样他就成了一个有理性的人，一个以善作为其追求目标的人，一个不断追求其作为理性的动物人的本质的人。

人要想走上"自我实现"的道路，首要的是要学习，要不断地追求知识，要使自我成为一个有智慧的人。知识与智慧是一回事，有知识也就有智慧，知识越多，智慧也越多。但人生有涯，知识却无涯，人通过学习，也只能知道事情的极小部分，所以对任何事情都有智慧的人是没有的，每个人只是在其有知识的事情上有智慧。人不可能全知，故而不可能有全备的智慧。但人应该热爱智慧，努力地追求这种崇高的善——智慧。热爱并努力地追求智慧是一个人的最为重要的品质。因此，热爱知识、追求知识以及人们的学习知识的能力，就成为判断一个人是否具有优良品质的标志。色诺芬就这个问题回忆道："他鉴别人的善良品质是通过他们学会他们所注意的事物的速度，他们对于所学得的事物的记忆能力，以及他们对于学习一切有助于管理好家务、庄园、城邦和成功地处理人类事物的知识的渴慕程度；因为他认为，这样的人受了教育之后，不仅他们本身会幸福，管好自己的家务，而且还能使别人和城邦都幸福。"[1]

一个人的价值在于对社会有用，在于能为家庭、城邦做出贡献，因此辛勤工作是绝对需要的。一个人为了把家务处理好，为了能够对朋友有好处、对国家有贡献而辛苦工作，不仅仅自己生活得幸福、快乐，而且还能受到别人的赞扬和羡慕。反之，懒惰无助于享受，既不能使其身体有健全的体质，也不能使灵魂得到任何有价值的知识。

要成为一个有用的人，不仅要有高尚的灵魂，而且要有健康的身体。苏格拉底十分强调身体健康对人的重要性，认为健康的身体是工作与事业的保障。人们对任何事没有不要运用身体的。从任何方面来讲，健康的身体都是必要的。实际上，没有一项工作不与身体的健壮与否有关系，即使在思维活

---

[1][古希腊]色诺芬著，吴永泉译.回忆苏格拉底[M].北京：商务印书馆，1986.138—139.

动时也同样需要好的身体，有许多人由于健康状况不好，遂在思维活动领域中不能做出良好的成绩。"由于身体不好，健忘、忧郁、易怒和疯狂就会经常猛烈袭击许多人的神智，以致把他们已获得的知识全部丧失净尽。但那些身体健康的人却有充分的保证，他们不会遭受由于身体不好而遭受的危险，与此相反，由于身体健康倒很可能获致和身体衰弱完全相反的有益效果。"[1]

身体的健康与否，关键在于锻炼，甚至天生体质脆弱的人，只要锻炼身体，就会在他们所锻炼的方面强健起来。坚持锻炼身体的人比那些忽略锻炼的人更能够经受住疲劳的袭击，也更能够经受住各种考验。身体的健康不是自然的结果，而是锻炼的结果。因此，体育运动对任何人都是必要的。那些本来可以通过体育锻炼而使身体美好而矫健的人，出于忽视锻炼而使身体衰弱是极其可耻的。

2. 教育内容观——论美德和知识

苏格拉底在和美诺对话的时候，讨论了美德与知识的关系问题，讨论的结果得出"美德即知识"的结论。"美德即知识"是苏格拉底伦理学的最重要的命题，也可以说是苏格拉底道德教育的基本思想。苏格拉底认为，如果美德是一种善，而且是能够包括一切的善，那么美德即知识就是对的了。如果美德即知识，那么美德就可以通过教育而得到。

苏格拉底论证说，如果美德是善的，那么美德也就是有益的，因为一切善的东西都是有益的。健康、有力、美、富等等都是人们称作有益的东西，但这些东西有时又是有害的。有益或有害的指导原则在于它们能否被正当地利用，如果能正当地被利用，就有益；如不能被正当地利用，就有害。

灵魂的善包括节制、正义、勇敢、敏悟、强记、豪爽等等。如果这些东西不是知识，而是别类的东西，就会成为无益的东西。勇敢而不谨慎，就是一种莽撞。一个人光有勇敢而无理性，勇敢对他就只有害而无益；如果他有理性，勇敢对他就成为有益的东西。"而一般地说，灵魂所企图承受的一切，如果在智慧的指导之下，结局就是幸福；但如果在愚蠢的指导之下，则结局就相反"。"那么，如果美德是灵魂的一种性质，并且被认为是有益的，则它必须

---

[1][古希腊]色诺芬著，吴永泉译.回忆苏格拉底[M].北京：商务印书馆，1986.132.

是智慧或谨慎，因为灵魂所有的东西，没有一种是本身有益或有害的，它们都是要加上智慧或愚蠢才成为有益或有害的"。一切被认为是灵魂中的美德的东西都要受到灵魂所支配，如果它们受到灵魂的正确指导就是有益的；如果它们受到灵魂的错误指导就是有害的。"一切别的事物都系于灵魂，而灵魂自身的东西，如果它们要成为善，就都系于智慧"。苏格拉底向美诺说道："这样我们就达到了结论，美德整个地或部分地是智慧！"[1]

苏格拉底在这里的结论是：美德即智慧。苏格拉底的意思也就是说，既然证明了美德即智慧，那么，也就自然地证明了美德即知识。因为人之所以有智慧，是因为他们有知识，因此，知识也就是智慧。

苏格拉底之所以把美德即知识作为他的哲学和伦理学的最重要的原则，就是因为他认为只有知识才能使人变得智慧，而智慧就是最大的善。人的行动，离不开智慧的指导。在智慧指导之下，就可以把事情办好，在智慧的指导之下，一切事物才能发挥其应有的功能。很清楚，知德是同一的或一致的，一方面可以说美德即是知识；在另一方面也可以说，知识即是美德。既然知识即美德，那么无知则是罪恶。无知为恶，这种说法似乎悖于常理。常理认为不知者不为罪，人非圣贤，孰能无过，即使是圣贤也不免犯错误。苏格拉底之所以坚持无知为恶，因为他认为，一切恶事都是因为无知的结果，如果真正有知就不会为恶了。有些人似乎有知识，这些似乎有知识的人往往行恶，其实，这些似乎有知识的人并没有真正的知识，如果他有真正的知识，他就不会为恶。所以他要人们认识自己、认识自己对某些问题是否真的有知识。认识自己的能力何在，这样才能使自己有自知之明，有了自知之明，才不致于做出不利的事。

苏格拉底认为一个人有某种美德或某些知识，是说他既有某种美德、知识，又能使其发生应有的效用，否则就不能说他具有某种品德和知识。

3. 教育方法观——苏格拉底法

苏格拉底在与人讨论真理的过程中，并不是把真理直接教给别人，而是启发别人去思索、去发现真理。色诺芬记录了苏格拉底与青年尤苏戴莫斯（Euthydemus）有关正义的谈话。可以把这个谈话作为苏格拉底法的一个较为

[1]北京大学哲学系外国哲学史教研室编译.古希腊罗马哲学[M].北京：生活·读书·新知三联书店，1957.163—166.

典型的例子。尤苏戴莫斯想当一名政治家，于是苏格拉底便向尤苏戴莫斯提出了有关正义的问题。苏格拉底问尤苏戴莫斯能否举出什么是正义的作为和什么是非正义的作为。尤苏戴莫斯回答说"能够"。苏格拉底建议他把正义的作为归入一边，非正义的作为归入另一边，但问答的结果却是，尤苏戴莫斯回答："如果你准许的话，我宁愿收回我已经说过的。"[1]

苏格拉底是用问答的方法来和他的学生们讨论各种人生问题的。人们又把他的方法称作"谈话法"。他和别人谈话，总是以一种对所讨论的问题表示无知的态度向人请教，请人们谈出有关美德、正义、勇敢等的定义。在对方说出有关问题的定义以后，苏格拉底就举出一些事例来证明对方的定义是不恰当的，迫使对方发现自己思想中的矛盾，于是不得不提出新的定义。苏格拉底紧追不舍，继续揭露对方新定义的错误，使对方进一步看到自己认识中的错误。这样，用一步步的反诘来使问题深入，使得对方放弃自己原以为是对的观点，承认自己的无知。在苏格拉底看来，承认自己的无知是认识真理的第一步，因为只有清除错误的观念才能在真理的道路上迈步前进。苏格拉底认为这是认识问题、获得真知的重要的前提。这种方法的目的是激发人们探索真理的心情，引起人们对探求真理的自觉。这种方法也是从个别到一般、从特殊到普遍的一种认识方法。它引导人们认识那些与定义无本质关系的那些特殊的成分，逐步排除那些非本质的成分，向本质和普遍性迈进，最后达到对所讨论的问题的本质的认识，从而提出一个确切的定义。这种方法的重要意义是教导人们在认识中如何去一步步地排除非本质的成分，从而逐步地认识事物的本质。它告诉人们只有普遍、一般才是真正的知识。

苏格拉底把他的方法称之为"产婆术"。他认为人们有关美德、正义等定义是人们的主观的意思，而不是客观真理。在他看来，事物的意义是在人出生以前已存在于人的心中的；但在人出生时，由于肉体受到干扰而使他忘记了它们。现在通过谈话的方法，使人们逐步地认清原来已存在于心中的知识。这种方法就像助产婆把婴儿从母亲的肚里催生出来一样，所不同的是这种产婆术是用之于思想的，不是用之于身体的。苏格拉底对知识的解释具有神秘主义的观点，是哲学史中的天赋观念论。

[1][古希腊]色诺芬著,吴永泉译.回忆苏格拉底[M].北京: 商务印书馆, 1986.147.

（三）苏格拉底教育理论与实践的创新

在教育上，苏格拉底重视道德教育。他认为美德作为知识是绝对的，因为善是绝对的。不知道善就决不会为善，道德即知识，道德是通过教育培养发展起来的。在西方教育史上，苏格拉底第一次提出了知识和德行的关系以及教育在培养德行中的作用。他的道德教育标准是使人达到正义、勇敢、刚毅、节制。但他又认为只有贵族才具有这些美德，也只有贵族才能受教育，才会成为国家的统治者。

苏格拉底根据他的哲学观，主张真理就存在于人的心灵里，寻求真理必须从探求个人内心世界开始，知识探索的过程就是自我认识的过程。然而，知识和美德在人的心灵中又处于睡眠状态，需经教育唤醒。教育的目的就是发展人的智慧，使人的道德完善，而教师的任务就是帮助人们去发现存在于自己内心的真理，即知识。因此，苏格拉底创造了一种问答式的教学方法，在外国教育史上被称为"苏格拉底法"。

所谓"苏格拉底法"，就是一种在师生共同讨论问题的过程中，通过辩论、讨论，揭露矛盾、克服矛盾，最终获得知识的方法。该方法分为四个步骤：第一步讽刺，即通过问答从对方的观点中引出矛盾，使其否定所肯定的东西。苏格拉底认为这是使人变得智慧的必然步骤，因为除非一个人很谦逊并"自知其无知"，否则，他是学不到知识的。第二步为助产术，即在否定已有观点以后，引导学生自己进行思考，自己发现问题，得出新结论。他说自己虽然无知，但能帮助别人获得知识，正像做助产士的母亲一样。所不同的是，母亲是生命的接生者，而自己是智慧的接生者。"助产术"由此得名。第三步为归纳，即通过讽刺否定个别、偶然、错误的东西，通过助产术来找到正确的东西。第四步为定义，即对发现的真理加以表述。

直到今天，苏格拉底的方法仍然是教学中的一个极其重要的方法。这种方法所着眼的不是把现成的知识教给学生，而是激起人们自觉地去探求知识。从引起学生思想中的矛盾而促使学生思想的发展，在不断的揭露学生思想矛盾的过程中，使学生的认识不断深化。它不仅仅要给人以知识，而且要使人学会思考、学会正确地去求得知识。

苏格拉底法，无论在教育史上还是在哲学史上都具有重要的意义，被看作是西方启发式教学的渊源。然而，苏格拉底法的前提是"真理存在于人心中"，只适用于某些已经了解的东西，缺乏应有的知识基础，难以使问题深化。

总之，在希腊教育思想的发展进程中，苏格拉底的重要作用不仅仅在于他的思想直接影响了柏拉图，更为重要的是，由于他总结了许多思想家的教育主张，并在此基础上加以进一步的理论抽象，使前人关于教育的见解、主张范畴化，从而为教育思想体系化提供了必不可少的思想工具。在此意义上可以讲，在希腊教育思想史上，苏格拉底发挥着承前启后的转折性作用。

（四）如何解读苏格拉底

理解一个人的思想的关键是完成其思维的逻辑链条，亦即理解其要解决的问题是什么、其如何理解问题以及其如何去解决问题。理解苏格拉底教育思想的关键是：政治—人—政治。也就是说，苏格拉底有感于其所处时代雅典奴隶制民主政治的悖论，确立了人尤其是具备了道德良知的人才是实现雅典奴隶制民主政治真谛的政治主体。

1. 苏格拉底的"目的论哲学"是"政治—人"的逻辑建构过程

苏格拉底活动的年代是雅典奴隶主民主制由兴盛而走向衰落的时期。他目睹了希波战争及其结束以后希腊奴隶制民主制的繁荣，同时，也注意到了这一制度的主要缺陷。其基本的政治观点是：思想比较保守，倾向于奴隶主贵族政体，而对于民主制采取怀疑的态度。他站在热爱雅典、忠于母邦的立场上，对雅典民主政治的缺点进行抨击。他也为当时雅典潜藏着的滋长的危机，诸如法制观念淡化、道德日渐败坏、金钱权力的诱惑而深为忧虑。苏格拉底认为所有这一切都是人远离"善"所致。在他以前，希腊的哲学主要研究宇宙的本源是什么，世界是由什么构成的等问题，后人称之为"自然哲学"。苏格拉底认为再研究这些问题对拯救国家没有什么现实意义。出于对国家和人民命运的关心，他转而研究人类本身，即研究人类的伦理问题，如什么是正义，什么是非正义；什么是勇敢，什么是怯懦；什么是诚实，什么是虚伪；什么是智慧，知识是怎样得来的；什么是国家，具有什么品质的人才能治理好国家，治国人才应该如何培养，等等。后人称苏格拉底的哲学为"伦理哲学"。他为哲学研究开创了一个新的领域，使哲学"从天上回到了人间"，即"目的论"哲学。他指出，世界之所以如此的原因，是因为其有一种支配的力量，它使万物成为如此，并且是最好的。这个支配力量就是"好"或"善"。万物皆有趋于完善或好的目的——实际上他把神看作是最终的主宰。可以这样说，苏格拉底的哲学研究范畴是以伦理为中心，包括政治、伦理、实际知识和教育等方面的内容的伦理哲学，开辟了哲学研究的新阶段。这样，研究自然就无意义了，而应该认识人的主观世界，发展人事中的善和心灵的善。苏格拉底提出一切人心灵和德行的善就是知识，即"美德即知识"。换言之，人们之所以有不伦之举是因其不知。苏格拉底执着于教育之事，实际上是借此以启知，进而达德，而德为政治之要！他认为当时社会问题中最主要的是怎样教育青年成为一个好的公民。在他看来，教育最能使人获得理解力，要以政治美德去教育公众。教育失败了，国家也就危险了。

苏格拉底倡导专家治国，认为群众缺乏理智和政治能力，治理国家只能依靠那些少数优秀人物。在他看来，有思考能力的人，就是那些智慧和才能优异的少数贵族，他们具备了智慧、正义、勇敢、节制等优秀品德。所以，奴隶制城邦国家政权应由这些人去管理。在处理城邦行政事务上，他主张只能"站在专家一边，即站在能提出真理权威一边"，"应敬畏有专门知识的人更甚于敬畏其他所有人"。苏格拉底也反对当时盛行的以抽签办法选举执政官和将军的所谓民主制。他谴责说："用豆子拈阄儿的办法来选举国家的领导人是非常愚蠢的，没有人愿意用豆子拈阄儿的办法来雇用一个舵手、或建筑师、或奏笛子的人、或任何其他行业的人，而在这些事上如果做错了的话，其危害是要比在管理国务方面发生错误轻得多。"[1]苏格拉底的专家治国的思想，后来成为柏拉图提出培养哲学王教育思想的基础。

苏格拉底把培养有专门知识的治国人才作为己任，并且不断地研究怎样使有才能的人能够当权的问题。对那些有执政能力的人，他就积极鼓励他们出来参加城邦的政治管理活动。哈尔米戴斯就是很有才干又熟悉公共事务的一个，"远比当时执政的人们更有本领"。那时，哈尔米戴斯畏缩而不愿管理城

[1][古希腊]色诺芬著，吴永泉译.回忆苏格拉底[M].北京：商务印书馆，1986.8.

邦事务,苏格拉底就用各种不同的话劝勉他参加政府工作。指出:"不要轻忽城邦的事务,只要力所能及,总要尽力对它们加以改善。因为如果把城邦的事务弄好了,不仅对于别的公民,至少对你的朋友和你自己也有很大好处。"[1]

2. "苏格拉底法"的精髓其实是归纳推理与普遍定义,是"人—政治"的逻辑实现

既然道德尤其是政治道德源于知识,而知识又是从教育中得来的。故而如何教——如何培养有道德的人成为关键。教育人的前提是认识人。他认为,人不仅仅能直接地感受自然,而且能用思维去理解自然,人不仅能感受到自然的个别现象,而且能认识自然的规律,认识宇宙中的普遍、认识社会中的普遍。要首先把人当作有思想、有理性的动物来看待。因此,苏格拉底把"自我"、"自我意识"提到哲学的首要地位。他首先发现了人的精神的力量,发现了人的主动性,他首次把人看作是能动的主体。更为重要的是他揭示了人的理性、心灵的重要地位,把心灵、理性看作人之所以为人的根据,是人的本质所在。他提出了要像神的教导那样去"认识你自己",并把这句格言作为哲学所要解决的主要问题。"认识你自己"的意思是劝勉人要"反躬"、"自问"、"自省"、要"自知",劝人要有自知之明,要谦虚谨慎,不可忘乎所以。人的智慧贵在"自知其无知",从认识自己开始,达到认识的最高境界的善和接近智慧。他发展了智者派学者普罗塔哥拉的"人是万物的尺度"的说法,主张"有思考力的人是万物的尺度"这一命题的含义,即是说人们只有认真深刻地思考才有可能达到道德的完备。

"苏格拉底法"自始至终是以师生问答的形式进行的,所以又叫"问答法"。苏格拉底在教学生获得某种概念时,不是把这种概念直接告诉学生,而是先向学生提出问题,让学生回答,如果学生回答错了,他也不直接纠正,而是提出另外的问题引导学生思考,从而一步一步得出正确的结论——由归纳而定义。有道德、有方法的人是教育的诉求,是政治的前提。

---

[1][古希腊]色诺芬著, 吴永泉译.回忆苏格拉底[M].北京: 商务印书馆, 1986.112.

3. "广场自由式教育"是"政治—人—政治"的自励式实践

在教育工作过程中，苏格拉底教学没有一定的对象，更没有固定的地点场所。他的门人中既有贵族派，也有民主派；有本邦人，也有外邦人；有政治家，也有将军，从青年到老人，从富者到穷人，无论是普通的农民，还是手工业者都成了他教育的对象。体育馆、广场、街坊、商店成了自然的教室。苏格拉底说："我愿同样回答富人和穷人提出的问题，任何人只要愿意听我谈话和回答我的问题，我都乐于奉陪。""不仅不索取报酬，而且愿意听我讲，我还愿意倒付钱。"[1] 比如，尤泰鲁斯就是一个"不得不亲手劳动来维持自己的生活"[2] 当雇工的人。画师帕拉西阿斯、雕刻匠克雷多、制造胸甲的皮斯提阿斯都成为他的教育对象。

苏格拉底和当时活跃在雅典的智者派虽有表面上相似的地方，但与他们又有很大的不同。不止是智者派教人要收取学费，而他却分文不取；智者派侧重在雄辩术、文法、修辞，而苏格拉底的教学内容重视道德、智慧、治国才能的培养，更重要的是通过教育对象、教育地点的非特定化可以最大程度实现其由人及人的教育改变现实政治的愿望。色诺芬回忆说："苏格拉底显然是普通人民的朋友，而且是热爱人类的人。尽管他接待了许多希望听他讲学的人，其中有本国公民也有外国人，但他从来没有因为讲学而向任何人索取过报酬，而是以其丰富的学识毫不吝惜地向所有的人施教。"[3] 正是由于其言行与雅典主流政治的抵牾才导致其自然生命的戛然而止，不过也恰恰借此表明了其慷慨赴死的政治宏愿！

苏格拉底，如同中国的孔子、印度的释迦牟尼一样，在世界文化教育史上都是享有声望的历史人物。他们都因其政治欲求、精神信仰而诚思勉行，教育是方法、途径、路由！

---

[1][古希腊]柏拉图著.苏格拉底最后的日子：柏拉图对话集[M].上海三联书店，1988.66~67、4~5.
[2][古希腊]色诺芬著，吴永泉译.回忆苏格拉底[M].北京：商务印书馆，1986.78.
[3][古希腊]色诺芬著，吴永泉译.回忆苏格拉底[M].北京：商务印书馆，1986.20.

（五）名著《回忆苏格拉底》文本简析、原文节选、导读

《回忆苏格拉底》共四卷，外加一篇"苏格拉底在法官前的申辩"，其中第一卷七章、第二卷十章、第三卷十四章、第四卷八章。每一章都是小故事，很琐碎的小故事，小到苏格拉底教人如何吃饭。但故事的主旨却是"小中见大"——苏格拉底很有耐心，明明是个大问题，他却总是从很细末的地方开始，挖掘，挖掘，直到你在理性上跟从他。他的用意是：虽然没有肃穆的仪式，却有不断更新的话语。

《回忆苏格拉底》[1]节选：

第一卷

第六章[2]

【文本简析】

苏格拉底和安提丰的三次对话—— I：第1节，安提丰讥笑苏格拉底的贫穷和俭朴以及他不愿借教学而收取酬金；第2节，苏格拉底答复说由于不收取酬金，他就可以自由选择听众。说饮食清淡、服装朴素有很多好处。说勤俭的人比纵欲的人的好处在于勤俭的人容易自我改进、容易向国家尽忠职守、容易获得一般的幸福。II：第3节，安提丰说苏格拉底由于不接受酬金可能是一个正义的人，但决不是一个明智的人；苏格拉底说出卖智慧就是贬低智慧，获得朋友比获得金钱的好处更多。III：第4节，安提丰质问苏格拉底，为什么他训导别人管理政事而他自己却不参与政事，苏格拉底回答说训练许多人治理国家比他一个人参与政治对于国家的贡献更大。

【原文节选】

1.为了公正地对待苏格拉底，我们也不可以不记下他和诡辩家安提丰所

---

[1][古希腊]色诺芬著，吴永泉译.回忆苏格拉底[M].北京：商务印书馆，1986.在节选的文本简析中的分节均为作者根据需要自行划分，未受原译作限制.

[2][古希腊]色诺芬著，吴永泉译.回忆苏格拉底[M].北京：商务印书馆，1986.34—38.

做的对话。有一次安提丰为了想使和苏格拉底交游的人都离开他，安提丰就当着他们的面对苏格拉底说：

"苏格拉底，我以为研究哲学的人应当比别人更为幸福才是，但你从哲学所收获的果实，却似乎显然是属于相反的一种。至少你所过的生活是一种使得奴隶都不会继续和他的主人过下去的生活；你所吃喝的饮食是最粗陋的；你所着的衣服不仅是褴褛不堪，而且没冬没夏都是一样；你一直是既无鞋袜又无长衫；金钱这种东西，当人们在接受它的时候就会感到高兴，有了它的时候就会生活得舒畅而愉快，你却分文不取。既然传授其他职业的师傅们都是要他们的弟子们仿效他们自己；如果你也是要和你交游的人也效法你的话，那你就必须把自己当作是一个教授不幸的人了。"

2. 对于这些话，苏格拉底答道：

"安提丰，你似乎把我的生活看得非常不幸，以致我想你一定是宁死也不愿意像我这样生活的。就让我们来考虑一下你所认为我的生活中令你感到不愉快的是些什么吧。是不是因为别的收取金钱报酬的人必须为他们所取得的酬金而服务，而我，由于我不取酬金，从而就没有向我所不喜欢的人讲授的义务呢？是不是你以为我的饮食没有你的饮食那样合乎卫生，或者没有你的饮食那样富于营养，你就认为不好呢？还是因为我的饮食比你的更稀罕，更昂贵，比你的饮食更难于取得呢？或者是因为你所取得的饮食对你来说更为可口，而我为我自己所取得的食物对我来说没有那么可口呢？你难道不知道，愈是能够欣赏食物的人就愈不需要调味品，愈是能够欣赏饮料的人就愈不忙于寻求他所没有的饮料吗？你知道，那些更换衣服的人是因为气候冷热不同才更换的，穿鞋子的人是因为防止脚上疼痛不便行路才穿的，你什么时候看见过我因为天气太冷而留在家里，或因天气过热而和人争着乘凉，或者因为脚痛而步履艰难呢？你岂不知道，那些天生体质脆弱的人，只要锻炼身体，就会在他所锻炼的方面强壮起来,比那些忽略锻炼的人更能够轻而易举地经受住疲劳吗？你岂不知道，像我这样经常锻炼身体，准备应付对于身体可能临到的任何考验的人，能够比像你这样不进行身体锻炼的人，更容易经受住一切考验吗？为了避免做口腹之欲、睡眠或其他情欲的奴隶，你想有什么比把精神专注在这些更有吸引力，不仅在享用它们的当时使我心中感到愉快，还能使我希望它会永远给我好处的事上更为有效的方法吗？你也知道这一点，那些自知一事无成的人是决不会很高兴的，但那些看到他们的农业、他们的航海业、或者他们所从事的任何其他职业，进行得对他们很有利的人，就会好像目前已经得到成功那样地高兴。但是你想，从这些满足所得到的快乐，能够有意识到自己在日益更好地成长起来，获得愈来愈多的有价值的朋友那样快乐吗？这些就是我所经常意识到的快乐。

"而且，一旦朋友或城邦需要帮助的时候，你想这两种人中哪一种会更有时间提供帮助，是像我这样生活的人呢？还是你所认为那种生活在幸福中的人呢？这两种人中哪一种人会很愉快地奔赴战场，是那种不吃山珍海味就活不下去的人呢？还是那种随遇而安，粗茶淡饭皆可果腹的人呢？当被围困的时候，这两种人中哪一种人会更早地屈服，是那种需要很难得到满足的人呢？还是那种需要极容易满足的人呢？

"安提丰，你好像认为，幸福就在于奢华宴乐；而我则以为，能够一无所求才是像神仙一样，所需求的愈少也就会愈接近于神仙；神性就是完善，愈接近于神性也就是愈接近于完善。"

3.另一次，安提丰在谈话中对苏格拉底说道：

"苏格拉底，我认为你的确是个正义的人，但你决不是一个明智的人，我以为连你自己也意识到这一点，你并不向和你交游的人索取任何金钱的酬劳。然而，如果你认为你的一件衣服，一所房子，或你所有的任何其他东西值钱的话，你就不仅不会把它白白地给予别人，而且你所索取的代价还不会比它所值的为少。所以很显然，如果你认为你的谈论有任何价值的话，你就一定也会要求人们付予适当的代价。因此，尽管你并不因有贪心而欺骗别人，从这一点来说你是一个正义的人，但你决不能是一个明智的人，因为你的知识是分文不值的。"

对这，苏格拉底答道：

"安提丰，我们大家都有共同的看法，对于美貌和智慧的处理，既可能是光荣的，同样也可能是不光荣的。如果一个人把他的美貌出卖给任何愿意购买的人，我们就称他为娈童；但是，如果一个人和一个钦佩光荣和高尚事物的人做朋友，我们就说他是个有见识的人；同样，人们把一些为金钱而出卖他们的智慧的人称作诡辩者，这也仿佛就是在说，智慧的出卖者。但是，一个人如果和他所知道是有才德的人交朋友，把自己所知道的好东西都教给他，我们就认为他所做的是不愧为一个光荣而善良的公民。安提丰，正如别人所欢喜的是一匹好马，一条狗或一只鸟一样，在更大的程度上我所欢喜的乃是有价值的朋友；而且，如果我知道什么好的事情，我就传授给他们，并把他们介绍给我所认为会使他们在德行方面有所增长的任何其他教师。贤明的古人在他们所著的书中遗留下来的宝贵的遗产，我也和他们共同研讨探索，如果我们从古人的书中发现什么好的东西，我们就把它摘录出来，我们把能够这样彼此帮助看为是极大的收获。"

对于一个听到他说了这些话的我来说，我认为苏格拉底不仅他本人是幸福的，而且他也把那些听了他的话的人导向了美好和光荣的大道上来。

4. 有一次，当安提丰问他，即使他懂得政治，但他自己既然不参与政事，怎能想象他会使别人成为政治家的时候，苏格拉底答道：

"安提丰，是我独自一人参与政事，还是我专心致志培养出尽可能多的人来参与政事，使我能够对政治起更大的作用呢？"

【导读】

本章的对话不只是关于生活状态、价值观念的辨析，更主要的是道出了苏格拉底的教育诉求——"培养出尽可能多的人来参与政事。"教育的终极目的是人、是人的培养，亦即今天谓之教育目的的规定性！苏格拉底关心并践履教育之举实则是政治目的使然、民主之心使然！

第三卷
第一章[1]

【文本简析】

第 1 节，苏格拉底经常劝勉那些热望担任公职的人学习所要求于他们的业务；第 2 节，军事统帅的任务及其责任——除了战术外，他还必须知道许多事情。

【原文节选】

1. 我现在要证明苏格拉底对于那些企望获得光荣岗位的人是有重大贡献

[1][古希腊]色诺芬著，吴永泉译.回忆苏格拉底[M].北京：商务印书馆，1986.84—87.

的，因为他使他们注意到他们在所寻求的岗位上所应负的责任。

2. 有一次，他听说狄阿奴沙多鲁斯来到了城里，宣称要传授做将领的艺术。苏格拉底注意到和他在一起的人中曾经有一个人想在城邦中获得这个光荣的岗位。于是他对这个人说道："青年人，一个人想在城邦里担任将领的责任而忽略学习业务的机会，实在是件可耻的事情，这样的人应该受到城邦的惩罚，远比一个没有学过雕刻而竟想签订合同为城邦雕像的人所应受的惩罚为多。因为在战争的危急时期，整个城邦都被交在将领的手中，如果他成功，整个城邦将会获得很大益处；如果他失败，整个城邦都将蒙受极大的损失。因此，一个希望被选派担任这样职务的人，如果忽略学习有关的业务，又怎能不受应得的惩罚呢？"

这一番话引起了这个人前往学习的兴趣。当他学完回来的时候，苏格拉底开玩笑地说道："诸位，正像荷马称阿伽门农'威风凛凛'一样，现在我们的朋友已经学会了将兵术，难道你们不认为他也更加威风凛凛起来了吗？正如一个学会了弹七弦琴的人，尽管他还没有使用这个乐器，就是一个七弦琴师；一个学会了医疗术的人，尽管他还没有开业，就是一个医生一样，尽管还没有人选举他率领军队，从今以后，这个青年人也就是一个将领了。但对一个缺乏相当知识的人来说，即使全世界的人都选举他，他也不能因此就是一个将领或医生。""但是，"苏格拉底继续说道，"为了使万一我们当中有人在你统率下充当营、连长时能有更好的军事知识起见，请你把他怎样开始给你讲将兵术的情况讲给我们听听吧。"

"他从头到尾，教给我的只是战术，除此以外再没有别的了。"青年人回答。

"但是，"苏格拉底说道，"这只是将兵术的一小部分罢了，一个将领还必须能够为战争的必要事项进行准备，他必须能够为部队取得粮秣，必须是一个足智多谋、精力旺盛、谨慎、懂事、坚韧不拔而又精明强干的人；和蔼而又严峻，坦率而又狡诈，善于警惕而又巧于偷袭，挥金如土而又贪得无厌，慷慨大方而又锱铢必较，审慎周详而又大胆进取，有许多别的品质，有的是天生的也有的是学习得来的，这些品质都是一个想当将领的人所必须具备的。当然，懂得战术也是好的，因为阵营严整的军队和乌合之众是大不相同的，正如石、砖、木、瓦，如果乱扔在一起就毫无用处，但如果把那些不易腐朽的材料，也就是说，把石头和瓦放在底层和上面，而把砖和木放在中间，就能够建造起有极大价值的房子来。"

"你比方得很对，苏格拉底，"青年人说道，"因为在战争中必须把最精锐的部队布置在前线和后卫，而把最坏的部队放在中间，使得他们可以被在他们前面的人带领着并被在他们后面的人推动着前进。"

苏格拉底说道："如果他曾经教导你怎样分辨好和坏的部队的话，那就很好，否则这些课程对你又有什么用处呢？因为这就和他教你把最好的钱币放在最前和最后，把最坏的钱币放在当中，却不教导你怎样分辨好钱币和坏钱币的方法同样的无用。"

"说实在的"，青年人回答道，"他并没有教给我怎样分辩好坏部队的方法，我们只能靠自己来判断谁是好的、谁是坏的。"

"那么，我们为什么不考虑一下怎样在这方面避免错误这个问题呢？"苏格拉底问。

"我很愿意这样。"青年人回答。

"当我们必须夺取一笔款项的时候，"苏格拉底问道，"正确的办法岂不是应该把最贪爱钱财的人放在最前列吗？"

"我想是如此。"

"我们对于那些即将面临危险的人怎么办呢？是不是应该把最有荣誉感的人放在最前列？"

"至少，"青年人答道，"他们才是那些为了荣誉而甘冒危险的人；而且他们也并不难于发现，这样的人到处都很突出，很容易把他们挑出来。"

"但是，"苏格拉底问道，"他是只教你排列阵容呢？还是也教你为什么目的以及怎样运用每一个队形呢？"

"什么也没教。"

"要知道在许多场合下，以同一方式排列阵营或带领队伍是不合适的。"

"说实话，他并没有对我做过这样的解说。"

"那么你可以回去问一问他。如果他知道而且还有点廉耻的话，他会因收了你的学费却没有把你教好就打发你回去而感到惭愧的。"

【导读】

本章示例性地解释了前章"培养出尽可能多的人来参与政事"这一教育目

标的具体内容——"担任公职的人学习所要求于他们的业务"是"表"，其"里"即是明确"参与政事的人"的标准问题，亦即"参与政事的人的培养规格问题"！

第四卷
第一章[1]

【文本简析】

第1节，苏格拉底的"帮助"；第2节，苏格拉底的"鉴别"与"指导"；第3节，财富、教育之于人的德望。

【原文节选】

1.苏格拉底无论做什么事情，或在什么情况下，对人都很有帮助，以致对任何一个肯思考的人来说（即使他只有很平凡的分辨能力），极其明显的是，没有什么比随时随地和苏格拉底交往、言谈更有益处的事了。当他不在我们当中的时候，每逢回想到他，总给那些曾经和他在一起并敬仰他的人带来不少的益处，因为无论他在轻松谈笑的时候，或是在严肃认真的时候，都对人有帮助。

2.苏格拉底常讲他热爱某某人，但显然他所爱的并不是那些人的身体方面的年轻貌美，而是他们的心灵的倾慕美德。他鉴别人的善良品质是通过他们学会他们所注意的事物的速度，他们对于所学得的事物的记忆能力，以及他们对于学习一切有助于管理好家务、庄园、城邦和成功地处理人类事务的知识的渴慕程度，因他认为，这样的人在受了教育之后，不仅他们本身会幸福，管好自己的家务，而且还能使别人和城邦幸福。但苏格拉底对待人的方法并不都是一样的。那些自以为禀赋好而轻视学习的人，他就教导他们：越是禀赋好的人越需要受教育。他指出：烈性而桀骜不驯的良种马，如果在小的时候加以驯服，就会成为最有用、最骁勇的千里马；但如果不加以驯服，则始终是难以驾驭的驽材而已。品种最优良的、最经得住疲劳的、最善于袭击野物的猎犬，如果经过良好的训练，就会最适于狩猎，而且最有用处，但如不经训练，就会变得无用、狂暴，而且最不服使唤。同样，禀赋最优良的、精力

---

[1][古希腊]色诺芬著, 吴永泉译.回忆苏格拉底[M].北京:商务印书馆, 1986.138—139.

最旺盛的、最可能有所成就的人，如果经过教育而学会了他们应当怎样做人的话，就能成为最优良、最有用的人，因为他们能够做出极多、极大的业绩来；但如果没有受过教育而不学无术的话，那他们就会成为最不好、最有害的人，因为由于不知应该选择做什么，就往往会插手于一些罪恶的事情，而且由于狂傲激烈、禀性偏强、难受约束、就会做出很多很大的坏事来。

3. 对于那些以财富自夸，认为不需要受教育，财富会成就他们的心愿，使他们受到人们的尊敬的人，他就教导他们说道："只有愚人才会自以为不用学习就能够分辨什么是有益的和什么是有害的事情。也只有愚人才会认为，尽管不能分辨好歹，单凭财富就可以取得自己所向往的并能做出对自己有利的事情。只有呆子才会认为，尽管不能做出对自己有利的事情，但这也就是做得不错了，而且也就是为自己的一生做了美好的或充分的准备了。只有呆子才会认为，尽管自己一无所知，但由于有财富就会被认为是个有才德的人，或者尽管没有才德，却会受到人们的尊敬。"

【导读】

这一章是色诺芬的"旁观式"评议。评议的内容好似突出的是苏格拉底的作用。其实，毋宁说是在昭示教育的作用。

第二章[1]

【文本简析】

第1节，如果不受教育，好的禀赋是靠不住的。苏格拉底向自负的青年尤苏戴莫斯指出，无论什么技艺都需要请教师傅；第2节，苏格拉底向尤苏戴莫斯指出，只有愚人才会自以为可以无师自通；第3节，指出受教育对政治艺术的必要性；第4节，通过一系列的质问，苏格拉底迫使尤苏戴莫斯承认自己的无知和无能；第5节，阐释自我认识的价值；第6节，对尤苏戴莫斯的进一步的教育。

【原文节选】

1. 我现在要叙述一下苏格拉底如何对待那些自以为已经受到了最好的教

[1][古希腊]色诺芬著，吴永泉译. 回忆苏格拉底[M]. 北京：商务印书馆, 1986.140—154.

育并以智慧自夸的人。他听说绰号"美男子"的尤苏戴莫斯搜集了最有名的诗人和诡辩家的大量的作品，并自以为因此就有了超越同时代的人的才智，而且还深信自己会在言谈和举止方面超过所有的人。苏格拉底听说他目前由于年轻，还没有参加集市议会，每逢他想要有所行动的时候，他总是去坐在靠近集市的一家马具铺里，因此，苏格拉底就常带着几个门人到那里去。

当苏格拉底第一次访问时有人问他道："赛米斯托克勒斯与一般国民如此大不相同，以致每当城邦需要伟大人物时，人民总是仰望他，这是因为他和智者交往的缘故呢，还是因为他的自然禀赋特别优异呢？"

苏格拉底为了促使尤苏戴莫斯认真注意起见，说道："如果说，没有多大价值的工艺，不必经过有本领的师傅指导就会自己精通这一见解是荒谬的，那么，把像治理城邦这样最伟大的工作，认为人们会自然而然地做出来，那就更加荒谬了。"

2. 又一次访问时，尤苏戴莫斯正在场，苏格拉底看出来他为了避免被人认为自己是在羡慕苏格拉底的智慧，正在准备从在座的人群中退出去，就说道："诸位，从我们这位尤苏戴莫斯所专心致意钻研的事情看来，很显然，当他长大成人的时候，他对于城邦所提出来讨论的问题，是不会不出谋献策的。我看他已经为他的演讲准备好了一篇很好的开场白。为了不使人认为他曾从任何人学到过什么，这篇开场白一定会这样开始：

'雅典人啊，我从来没有向任何人学过什么，即使我听到过什么人在言论和行动方面有所擅长，我也从未去找过他们谈谈，我从来没有打算过从那些知识渊博的人们中间请谁来做我的老师；恰恰相反，我一直是在避免向任何人学习，甚至也避免给人以任何学习的印象。尽管如此，我却要按照我所随便想到的，向你们提出忠告'。"

"这篇开场白对于那些想要求城邦派他们担任医药工作的人们倒很合适，他们可以用这样的词句来开始：

'雅典人啊，我从来没有向任何人学过医术，也没有找过任何医生做我的老师，因为我一直在避免向任何医生学习，甚至也避免给人以一种学习的印象。尽管如此，我还是求你们派给我一个医生的职务，因为我将试着在以你们为试验品的过程中进行学习'。"

这一开场白使得所有在座的人都哄笑了起来。

3.当尤苏戴莫斯显然已经觉察到苏格拉底所说的，但却仍闷声不响，以为这样保持沉默，就可以给人以一种谦虚谨慎的印象的时候，苏格拉底为了使他结束这种伪装，就说道："奇怪的是，那些想学竖琴、笛子、骑马，或熟练任何这一类的事情的人们，对于他们所想学会的技艺，总是毫不间断地勤学苦练，而且不是单凭自己，还要请教那些公认为最精于此道的人们。他们千方百计，坚持不懈地刻苦钻研，无论做什么事都要征求师傅的意见，以为非如此就不足以有可称道的成就。然而，在那些立志做成功具有演讲和实践才能的政治家的人们中间，却有些人以为不必经过准备和钻研，就可以自动地忽然间取得这些成就。其实很显然，后者比前者更难成功，因为尽管有许多人从事后一种工作，但成功的却很少。因此很明显后者需要更为巨大的艰苦的努力。"

在一开始，苏格拉底讲这些话的时候，尤苏戴莫斯只是听着，但当苏格拉底发觉尤苏戴莫斯比较肯耐心而且比较认真地听他讲话的时候，他就独自走进马具铺里去，可是，尤苏戴莫斯也跟着在他旁边坐下了。于是苏格拉底对他说道："尤苏戴莫斯，请告诉我，听说你收藏了一大批据说是智者所写的书，是当真的吗？"

尤苏戴莫斯回答道："苏格拉底，这一点也不假，而且我正在继续收集着，使它尽可能地多起来哩"。

"说实在的，"苏格拉底说道，"我非常钦佩你不选择金银而宁愿珍藏智慧，因为很显然，你认为金银并不能使人变得更好些，但智者的见解却能使它们的所有者在德行方面丰富起来"。

尤苏戴莫斯非常喜欢听这番话，因为他以为苏格拉底认为他是在很正确地追求智慧。苏格拉底看出他对这种夸奖感到很高兴，就接下去说道："尤苏戴莫斯，你收藏这些书，是想得到什么样的好处呢？"

当尤苏戴莫斯由于考虑怎样回答这个问题而沉默不语的时候，苏格拉底问道："莫非你想当个医生吗？因为医生的著作是很多的啊。"

尤苏戴莫斯回答道："不，这不是我干的事。"

"那么，莫非你想做个建筑师？因为这一行也是需要有本领的人啊。"

"我可没有这个想法。"尤苏戴莫斯回答。

"也许你非常想当个优良的量地师，像赛阿多拉斯那样？"

"我也不想当量地师。"尤苏戴莫斯回答。

"也许你想当个天文学家？"苏格拉底问。

但他对于这一点也否认了"那么也许你想当个游吟诗人？"苏格拉底问道，"听说你收藏了荷马的全部史诗。"

"我可不想当游吟诗人，"尤苏戴莫斯回答道，"因为尽管游吟诗人对史诗非常熟练，但我知道他们本人却是非常愚蠢。"

苏格拉底说道："尤苏戴莫斯，也许你是希望得到一种治国齐家的本领，既有资格当领导，又能使别人和自己都得好处？"

尤苏戴莫斯回答道："苏格拉底，我非常希望得到这样的本领。"

苏格拉底说道："你所希望得到的，的确是最美妙的本领和最伟大的技能，这是属于帝王的，一般人称之为帝王之才。""不过，"苏格拉底接下去说道，"你考虑过没有，一个非正义的人能掌握这种才能吗？"

"我考虑过了，"尤苏戴莫斯回答，"一个人如果是非正义的，连一个良好的公民也做不了。"

4."那么，你是不是已经有了这种才能呢？"苏格拉底问。

"苏格拉底，"尤苏戴莫斯回答道，"我想我的正义并不亚于任何人。"

"一个正义的人，是不是也像工匠一样，会有所作为呢？"苏格拉底问。

"当然有。"尤苏戴莫斯回答。

"那么，正像一个工匠能够显示出他的作为一样，正义的人们也能列举出他们的作为来吗？"

"难道你以为我不能举出正义的作为来吗？我当然能够，而且我也能举出非正义的作为来，因为我们每天都可以看到并听到不少这一类的事情。"

"那么，你愿意，"苏格拉底问道，"我们把 δ 写在这边，把 α 写在那边，然后再把我们认为正义的作为写在 δ 的下边，把我们认为非正义的作为写在 α 的下边好吗？"

"如果你认为需要这些字母，你就这样做好了。"尤苏戴莫斯回答。

苏格拉底照他所建议的写完了以后，问道："虚伪是人们中间常有的事，是不是？"

"当然是。"尤苏戴莫斯回答。

"那么，我们把它放在两边的哪一边呢？"苏格拉底问。

"显然应该放在非正义的一边。"

"人们彼此之间也有欺骗，是不是？"苏格拉底问。

"肯定有。"尤苏戴莫斯回答。

"这应该放在两边的哪一边呢？"

"当然是非正义的一边。"

"是不是也有做坏事的？"

"也有。"尤苏戴莫斯回答。

"那么，奴役人怎么样呢？"

"也有。"

"尤苏戴莫斯，这些事都不能放在正义的一边了？"

"如果把它们放在正义的一边那可就是怪事了。"

"如果一个被推选当将领的人奴役一个非正义的敌国人民，我们是不是也能说他是非正义呢？"

"当然不能。"

"那么我们得说他的行为是正义的了？"

"当然。"

"如果他在作战期间欺骗敌人，怎么样呢？"

"这也是正义的。"尤苏戴莫斯回答。

"如果他偷窃，抢劫他们的财物，他所做的不也是正义的吗？"

"当然是，不过，一起头我还以为你所问的都是关于我们的朋友哩。"尤苏戴莫斯回答。

"那么，所有我们放在非正义一边的事，也都可以放在正义的一边了？"苏格拉底问。

"好像是这样。"

"既然我们已经这样放了，我们就应该再给它划个界线：这一类的事做在敌人身上是正义的，但做在朋友身上，却是非正义的，对待朋友必须绝对忠诚坦白，你同意吗？"苏格拉底问。

"完全同意。"尤苏戴莫斯回答。

苏格拉底接下去又问道："如果一个将领看到他的军队士气消沉，就欺骗他们说，援军快要来了，因此，就制止了士气的消沉，我们应该把这种欺骗放在两边的哪一边呢？"

"我看应该放在正义的一边。"尤苏戴莫斯回答。

"又如一个儿子需要服药,却不肯服,父亲就骗他,把药当饭给他吃,而由于用了这欺骗的方法竟使儿子恢复了健康,这种欺骗的行为又应该放在哪一边呢?"

"我看这也应该放在同一边。"尤苏戴莫斯回答。

"又如,一个人因为朋友意气沮丧,怕他自杀,把他的剑或其他这一类的东西偷去或拿去,这种行为应该放在哪一边呢?"

"当然,这也应该放在同一边。"尤苏戴莫斯回答。

苏格拉底又问道:"你是说,就连对于朋友也不是在无论什么情况下都应该坦率行事的?"

"的确不是,"尤苏戴莫斯回答,"如果你准许的话,我宁愿收回我已经说过的。"

"准许你这样做是完全必要的,"苏格拉底说,"因为这比把行为放得不正确要好得多。""至于那些为了损害朋友而欺骗他们的人(这一点我们也不应弃置而不予以考虑),你想哪一个是比较地更非正义,是那些有意的呢?还是无意的呢?"

"苏格拉底,我对于我自己的回答再也没有信心了,因为我先前所说的一切现在看起来都和我当时所想的不一样了。尽管如此,我还要说,那有意说谎的比起无意说谎的人要更非正义些。"

"那么,你是不是认为有一种学习和认识正义的方法,正像有一种学习和认识文字的方法呢?"

"我想有。"

"你想哪一个更有学问些,是那有意写得不正确并念得不准确的人呢?还是那无意之中写得不正确、念得不准确的人呢?"

"我以为是那有意的人,因为,无论什么时候,只要他愿意,他就能够做得正确。"

"那么,那有意写得不正确的人可能是有学问的人,但那无意写错的人则是没有学问的人?"

"怎能是别样呢?"

"是那有意说谎骗人的知道正义呢?还是那无意说谎、骗人的人呢?"

"显然是那有意这样做的人。"

"那么你是说，那知道怎样写和念的人比那不知道的人更有学问？"

"是的。"

"那么，那知道正义的人也是比那不知道的更正义些了？"

"似乎是这样，可是我好像不知道怎么说才好了。"

"但是，一个想说实话而总是说不准的人，当他指路的时候，时而说这条路是向东，时而又说它是向西；当他算账的时候，时而算得是多，时而又算得是少，你以为这样的人怎样呢？"

"很显然，他以为自己知道的事，其实他并不知道。"

"你知道有些人是叫作有奴性的人吗？"

"知道。"

"这是因为他们有知识呢？还是因为无知？"

"显然是因为无知。"

"他们得到这样的称号，是不是因为他们不知道怎样打铁呢？"

"当然不是"。

"那么，也许是因为不知道怎样做木匠活？"

"也不是因为那个缘故。"

"那么，是因为不会做鞋吧？"

"都不是，因为恰好相反，大多数会做这类手艺的人都是些奴颜婢膝的人。"

"那么，他们得到这种名称是不是因为他们对于美、善和正义的无知呢？"

"我想是这样。"

"这样，我们就当用一切方法努力避免做奴颜婢膝的人了。"

"说实在的，苏格拉底，我曾非常自信自己是一个喜爱研究学问的人，并且还希望，通过这种钻研，能够达到一个才德兼备的人所应该具有的造诣。但现在你想想看，当我看到自己费了这么多的辛苦，连一个最应该知道的问题都回答不出的时候，我对自己该是多么失望啊！而且我连有什么别的方法改善这种情况，都还不知道哩。"

5. 苏格拉底说道："尤苏戴莫斯，请告诉我，你曾经到过德尔非没有？"

"去过两次。"

"你曾经看到在庙墙上刻的'认识你自己'那几个字吗？"

"看到过。"

"对于这几个字你是没有思考过呢？还是你曾注意过，并且察看过自己是怎样的人呢？"

"我的确并没有想过，我以为对这一切我已经都知道了，因为如果我还不认识自己，就很难说知道任何别的事了。"

"但你以为一个人只知道自己的名字，就是认识了他自己呢？还是像那些买马的人，在没有察看过马是驯服还是桀骜，是强壮还是软弱，是快还是慢，以及骏马和驽马之间的其他各方面的好坏情况以前，总不认为自己已经认识了所要认识的马那样，必须先察看了自己对于作为人的用处如何、能力如何，才能算是认识自己呢？"

"这样看来，一个不知道自己能力的人，就是不认识自己了。"

"那么，岂不是很显然，人们由于认识了自己，就会获得很多的好处，而由于自我欺骗，就要遭受很多的祸患吗？因为那些认识自己的人，知道什么事对于自己合适，并且能够分辨，自己能做什么，不能做什么，而且由于做自己所懂得的事就得到了自己所需要的东西，从而繁荣昌盛，不做自己所不懂的事就不至于犯错误，从而避免祸患。而且由于有这种自知之明，他们还能够鉴别别人，通过和别人交往，获得幸福，避免祸患。但那些不认识自己、对于自己的才能有错误估计的人，对于别的人和别的人类事务也就会有同样的情况，他们既不知道自己所需要的是什么，也不知自己所做的是什么，也不知道他们所与之交往的人是怎样的人，由于他们对于这一切都没有正确的认识，他们就不但得不到幸福，反而要陷于祸患。但那些知道自己在做什么的人，就会在他们所做的事上获得成功，受到人们的赞扬和尊敬。那些和他们有同样认识的人都乐意和他们交往；而那些在实践中失败的人则渴望得到他们的忠告，唯他们的马首是瞻，把自己对于良好事物的希望寄托在他们身上，并且因为这一切而爱他们胜过其他的人。但那些不知道自己做什么的人们，他们选择错误，所尝试的事尽归失败，不仅在他们自己的事务中遭受损失和责难，而且还因此名誉扫地、遭人嘲笑，过着一种受人蔑视和挪揄的生活。

"你看，凡是不自量力，去和一个较强的国民交战的城邦，它们不是变成废墟，就是沦为奴隶。"

"苏格拉底，你放心吧，我也认为认识自己是很好的事，"尤苏戴莫斯回答道，"可是，认识自己，应该从哪里着手呢？我希望你会愿意给我详细讲一讲。"

"那么，"苏格拉底问道，"我想你一定知道什么东西是好和什么东西是坏吧？"

"当然，"尤苏戴莫斯回答，"如果我连这一点都不知道，那我就简直连一个奴隶都不如了"。

"好，那就请你对我讲一讲吧"，苏格拉底说。

"这个不难，"尤苏戴莫斯答道，"首先，我认为健康是好事，疾病是坏事。其次，饮食和生活习惯，作为导致这两者的原因，凡能导致健康的就是好事，凡导致疾病的就是坏事"。

"那么，"苏格拉底说，"健康和疾病本身，当它们是好事的原因的时候就该是好事，而当它们是坏事的原因的时候就该是坏事了？"

"但是，"尤苏戴莫斯问道，"什么时候健康会成为坏事的原因，疾病倒会成为好事的原因呢？"

"当一部分人由于身体健康参加了远征，遭到惨败，或参加海战，全军覆没而丧失生命，但另一部分人由于身体衰弱被留下而得保全，以及其他许多诸如此类的事情，都属于这种情况。"

"你说得不错"，尤苏戴莫斯说道，"但是，你瞧，也有些人由于身体健康而参加了有利的事业，而另一些人由于身体衰弱而向隅的啊"。

"那么，像这类有时有益、有时有害的事，到底是好事呢？还是坏事呢？"

"的确，单凭空论很难说准它们是好事或是坏事。可是，苏格拉底，无可置辩智慧是一件好事；哪里有什么事，一个有智慧的人不能比一个不学无术的人做得更好的呢？"

"怎么"，苏格拉底问道，"你没有听过戴达洛斯如何由于有智慧被米诺斯囚禁，被迫为奴，远离本土，丧失自由，当他和他的儿子一齐逃跑的时候，不但丧失了儿子，而且连自救也不能，终于被带到野蛮人那里，再度沦为奴隶吗？"

"的确有这种传说，"尤苏戴莫斯回答。

"你没有听过帕拉梅代斯所受的苦难吗？人们经常传说他如何由于有智慧而遭到俄底修斯的嫉恨并被害死。"

"这种传说也是有的，"尤苏戴莫斯回答。

"你知道有多少人由于有智慧而被带到大君面前，在那儿过着奴隶的生活吗？"

"苏格拉底，"尤苏戴莫斯说道，"毫无疑问，幸福要算是桩好事了吧。"

"幸福如果不是由有问题的好事构成的，就可以算做好事了"，苏格拉底说。

"构成幸福的事中，哪些是有问题的好事呢？"尤苏戴莫斯问。

"如果我们不把美貌、膂力、财富、光荣和诸如此类的事包含在幸福之中，那就没有有问题的好事了"，苏格拉底回答。

"但是，"尤苏戴莫斯说道，"当然我们要把它们包含在幸福之中的，如果没有这些，还成什么幸福呢？"

"那么，"苏格拉底说道，"我们就的确是把许多给人类带来痛苦的事放在幸福之中了。因为有许多人由于美貌而被那些见美倾心的人败坏了；许多人由于自信体力强大而去尝试力所不逮的工作就遭到了不少的祸患；许多人由于财富而腐化堕落，遭人阴谋暗算而毁灭了；许多人由于他们的荣誉和政治能力而遭到了极大的灾难"。

"既然我连称赞幸福也做得不对，那我就只好承认我真不知道向神明求什么才好了。"

"也许，"苏格拉底说道，"你由于过分自信已经知道这些事，所以你并没有对他们做过充分的考虑。但是，你所准备领导的城邦既然是个民主城邦，你总该知道民主是什么吧！"

"我想，无论如何，这一点总是知道的"，尤苏戴莫斯回答。

"你想，不知道什么是民能够知道什么是民主吗？"

"当然不能。"

"那么，你以为民是什么呢？"

"我以为民就是国家里的穷人。"

"那么，你知道谁是穷人吗？"

"怎能不知道呢？"

"那么，你也知道谁是富人吗？"

"我知道谁是富人，像我知道谁是穷人一样。"

"那么，你称哪一类的人为穷人，哪一类的人为富人呢？"

"凡所有不足以满足其需要的我认为就是穷人，凡所有不仅足够而且有余的人都是富人。"

"你曾经注意过没有,对于有些人来说,他们所有的虽然很少,却不仅足够,而且还有富余,而对于另一些人,所有的虽然很多,却仍不够?"

"的确如此,"尤苏戴莫斯回答道,"你提醒得很对,我知道甚至有些僭主,由于匮乏,而不得不像最穷苦的人一样,去做违法乱纪的事"。

"既然如此,"苏格拉底说道,"我们就应当把僭主放在人民之中,而把那些尽管所有不多,但却善于经营管理的人置于富人之列了"。

尤苏戴莫斯回答道,"很明显,由于我自己的无知,我也不得不同意这一点了;我想我最好是静默不语,因为我简直什么都不知道"。于是尤苏戴莫斯垂头丧气地走开了,他很鄙弃自己,认为自己实在是一个奴才。

6.许多被苏格拉底这样对待的人都不再到他跟前来了;他认为这些人都是些(不堪造就的)蠢材。但尤苏戴莫斯认为,要想做一个值得称道的人,除了尽可能多和苏格拉底交游外,没有别的办法。因此,如果不是万不得已,他总是不离开他。尤苏戴莫斯还模仿了苏格拉底的一些经常的举动。

当苏格拉底看到尤苏戴莫斯有这种情形的时候,就很少再使他感到狼狈,而总是以最简单、最明确的方式把自己认为他最需要知道的和在实践方面最有益的事指教他。

【导读】

这一章可以视为前一章的注解,也是"苏格拉底法"的具体运用。

第六章[1]

【文本简析】

第1节,熟练论证定义的价值;第2节,虔诚的定义;第3节,正义的定义;第4节,智慧的定义;第5节,善与美的定义;第6节,勇敢的定义;第7节,几个其他的定义;第8节,对苏格拉底论证方法的评述。

【原文节选】

1.苏格拉底如何使他的门人更善于推理,我将试图加以论述。苏格拉底

[1][古希腊]色诺芬著,吴永泉译.回忆苏格拉底[M].北京:商务印书馆,1986.173—182.

认为，凡懂得各种事物的不同性质的人，一定也能够把它们向别人说明。至于那些不懂得事物的不同性质的人，他认为这些人自己失败，并且使别人失败都是不足怪的。因此,他总是永不止息地和他的门人一同考察事物的不同性质。

详细论述他所下的一切定义工作量太大了，我将把我所认为足以说明他考虑事情的方法的事例尽量加以阐述。

2.首先，关于虔诚，他的看法大致如下：

"尤苏戴莫斯"，他说，"请告诉我，你以为虔诚是一和什么样的事情呢？"

"当然是最美好的事情"，尤苏戴莫斯回答。

"你能说出什么样的人是虔诚的人吗？"

"我以为"，尤苏戴莫斯回答道，"就是那敬神的人"。

"人可以按照自己的意愿随便敬神吗？"

"不可以，必须按照一定的律法来敬神。"

"那么，那些知道这些律法的人就知道怎样敬神了？"

"我想是这样"，尤苏戴莫斯回答。

"那么，那些知道应当怎样敬神的人，岂不是也知道他不应当以不同于自己所知道的方法来敬神吗？"

"当然他知道不应当这样"，尤苏戴莫斯回答。

"但是，是不是有人以不同于他自己所知道应该的方式敬神呢？"

"我想没有"，尤苏戴莫斯回答。

"那么，知道什么对于神是合法的人，是不是按合法的方式敬神呢？"

"当然。"

"那么，按照合法的方式敬神的人就是按照应该的方式敬神了？"

"怎能不是这样呢？"

"按照应该的方式敬神的人就是虔诚的人？"

"当然。"

"那么，我们可以把虔诚的人正确地定义为凡知道什么对于神是合法的人了？"

"我想是这样"，尤苏戴莫斯回答。

3."在对待人这一方面，是不是可以随着自己所愿意的那样做呢？"

"不可以，因为在这方面也有合法（与否）的问题。"

"那么，那些按照律法彼此对待的人，是不是就是按照他们应该做的做了呢？"

"怎能不是呢？"

"按照应该做的去做的人岂不是做得好吗？"

"当然是做得好"，尤苏戴莫斯回答。

"那些在对待别人方面做得好的人，岂不是在人类事务方面也做得好吗？"

"大概会如此"，尤苏戴莫斯回答。

"那些遵守律法的人所做的事岂不是正义的吗？"

"当然"，尤苏戴莫斯回答"。

"什么性质的事情叫作正义，你知道吗？"苏格拉底问。

"律法所吩咐的事情"，尤苏戴莫斯回答。

"那么，那些遵行律法的吩咐的人所做的就是正义的和应该的了？"

"怎能不是这样呢？"

"那些行正义之事的人难道不就是正义的人吗？"

"我想是如此"，尤苏戴莫斯回答。

"你想有什么遵守律法的人却不知道律法所吩咐的是什么吗？"

"我想没有"，尤苏戴莫斯回答。

"你想那些明知应该做什么的人，却会认为不应该做那些事吗？"

"我想不会这样"，尤苏戴莫斯回答。

"你知道有什么人不做他们明知应该做的事，反倒去做别的事吗？"

"我不知道"，尤苏戴莫斯回答。

"那么，那些知道对于人什么是合法的人，所做的一定是正义的了？"

"当然"，尤苏戴莫斯回答。

"那样，做正义之事的人岂不就是正义的人吗？"

"还有什么别的人会是正义的人呢？"尤苏戴莫斯反问道。

"那么，我们把那些知道对于人什么是合法的人，定义为正义的人，岂不就是个正确的定义了吗？"

"我想是这样"，尤苏戴莫斯回答。

4."我们试想一想，智慧是什么呢？请告诉我，你以为人们有智慧是因为他们知道事情呢？还是因为他们不知道呢？"

"显然是因为他们知道事情"，尤苏戴莫斯回答，"因为不知道事情的人怎么能算是有智慧呢？"

"那么，人之所以有智慧，是因为他们有知识了？"

"人有智慧如果不是因有知识，还能因为什么别的呢？"尤苏戴莫斯回答。

"你以为除了使人智慧的事以外，智慧还会是什么别的吗？"

"我以为不会是什么别的。"

"那么，知识就是智慧了？"

"我想是这样。"

"不过，你以为一个人能知道所有的事情吗？"

"当然不能，连一极小的部分都做不到。"

"这样看来，对凡事都有智慧的人是没有了？"

"当然没有"，尤苏戴莫斯回答。

"这样看来，每一个人只是在其有知识的事上才是有智慧了？"

"我想是这样。"

5. "尤苏戴莫斯，用这样的方法来研究善是不是可以呢？"

"怎样研究呀？"尤苏戴莫斯问。

"你以为同一样东西对所有的人都是有用的吗？"

"我看不是。"

"你是不是以为：对某些人有益的东西有时候对另一些人却是有害呢？"

"的确如此"，尤苏戴莫斯回答。

"除了有益的东西以外，你是不是也把另一些东西叫作善呢？"

"不"，尤苏戴莫斯回答。

"这样看来，对于任何人有益的东西，对他来说，就是善了？"

"我想如此"，尤苏戴莫斯回答。

"再拿美来说，我们还能按什么别的方法来下定义吗？难道我们能把一个身体、工具或你所知道的任何其他东西，因其对于一切都是美好的才称它为美吗？"

"当然不能"，尤苏戴莫斯回答。

"那么，任何一件事物，它对于什么有用处，就把它用在什么上，那就是美了？"

"的确是这样"，尤苏戴莫斯回答。

"任何一件事物，如果把它用在它所对之有用的事以外的什么别的事上，它还会是美的吗？"

"对于任何一件别的事都不能是美"，尤苏戴莫斯回答。

"那么，有用的东西，对于它所有用的任何事来说，就是美的了？"

"我以为是这样"，尤苏戴莫斯回答。

6."再说勇敢，尤苏戴莫斯，你以为它也是美好的事物之一吗？"

"我以为它是最美好的事物之一"，尤苏戴莫斯回答。

"那么，你以为勇敢是对最微不足道的事有用吗？"

"当然不是，而是对重大的事有用"，尤苏戴莫斯回答。

"那么，你以为处于可怕和危险的事物之前毫无知觉，这是有用吗？"

"决不是"，尤苏戴莫斯回答。

"这样看来，那些由于对于这一类事物性质的无知而不害怕的人，就不是勇敢的人了？"

"当然不是，因为如果是的话，许多疯子和懦夫就都是勇敢的人了。"

"那些对于本不可怕的事物反而害怕的人怎么样呢？"

"那就更不是勇敢的人了"，尤苏戴莫斯回答。

"那么，你以为那些在可怕和危险的事物面前能够临危不惧的人就是勇敢的人，而那些惊慌失措的人就是懦夫了？"

"的确是这样"，尤苏戴莫斯回答。

"你以为在大难临头的情况下，除了那些善于应付的人以外，还有什么别的人能够临危不惧吗？"

"除了这些人以外没有别人"，尤苏戴莫斯回答。

"除了那些不善于应付的人以外，还有什么别的人会惊慌失措呢？"

"还有什么别的人呢？"尤苏戴莫斯回答。

"那么，双方岂不都是按照自己所认为应该的那样应付了吗？"

"怎能是别样呢？"尤苏戴莫斯回答。

"那么，那些不善于应付的人是不是知道他们应该怎样应付呢？"

"毫无疑问，不知道"，尤苏戴莫斯回答。

"那么，那些知道应该怎样应付的人，只是那些能够应付的人了？"

"只是他们",尤苏戴莫斯回答。

"那些并非完全错误的人怎样呢?难道他们在这种情况下也惊慌失措吗?"

"我想不是",尤苏戴莫斯回答。

"这样看来,那些惊慌失措的人都是完全错误的人了?"

"很可能是这样",尤苏戴莫斯说。

"这样看来,那些知道怎样应付可怕和危险情况的人就是勇敢的人,而那些完全错误的人都是懦夫了?"

"我看是这样",尤苏戴莫斯回答。

7. 在苏格拉底看来,君主制和僭主制是两种政体,但它们彼此很不相同。征得人民同意并按照城邦律法而治理城邦,他认为这是君主制;违反人民意志且不按照律法,而只是根据统治者的意愿治理城邦,是僭主制。凡官吏是从合乎法律规定的人们中间选出来的地方,他认为是贵族政治;凡是根据财产价值而指派官吏的地方,是富豪政治;凡是所有的人都有资格被选为官吏的地方,是民主政治。

8. 当有人在某一点上和苏格拉底有争论,但不能把自己的意思说明白,只是断言,他所说的某人,(比苏格拉底所说的)更聪明、更有政治才能、更勇敢等,却拿不出证明的时候,苏格拉底就会按照以下方式,把整个讨论,引回到原则性问题上去:

"你是说你所推崇的人比我所推崇的,是更好的公民吗?"

"我是这么说。"

"那样,我们为什么不首先考虑一下,一个好公民的本分是什么呢?"

"我们就这样做好了。"

"从财政方面来说,岂不是那能使城邦更富裕的人是更好的公民吗?"

"当然。"

"从战争方面来说,岂不是那能使城邦比敌人更强大的人是更好的公民吗?"

"怎能不是呢?"

"作为一个使节,岂不是比那能化敌为友的人是更好的公民吗?"

"大概是。"

"在议会发言方面,岂不是那能止息纷争,创造和谐的人是更好的公民吗?"

"我想是。"

通过这种把讨论引回到原则性问题上去的办法，他就使那些和他争论的人清楚地看到了真理。

当他和人讨论某一问题已有所进展的时候，他总是从已取得一致同意的论点逐步前进，认为这是讨论问题的一个可靠的方法；因此，每当他发表言论的时候，在我所知道的人中，他是最容易获得听众同意的人。他说，荷马称俄底修斯为"稳健的雄辩家"，就是因为他能够把议论从人们公认的论点向前引进。

【导读】

这一章更充分地展示了"苏格拉底法"的独有魅力。教育的作用，或者说教学的展开，"告知"——使其由未知到已知固然重要，不过更重要的是"纠错"——纠正认识道路上的各种歧途，只有正反结合，才会成就教育的宏旨。

二　柏拉图

（一）柏拉图的生平与生活时代

柏拉图（Plato，公元前 427 —公元前 347），公元前 427 年 5 月 7 日出生在雅典附近的伊齐那岛上。这时雅典的政治强人伯里克利（公元前 429 年逝世）在一场瘟疫中病逝已经两年，也是雅典与斯巴达的伯罗奔尼撒战争的第四年，这个时候整个阿提卡半岛和伯罗奔尼撒半岛均笼罩在战争的阴云中，恐怖的鼠疫弥漫了雅典的各个村镇城邦，无数的生灵罹难，这时是雅典的黄金时代结束，雅典社会进行着剧烈的变动。

柏拉图的父亲阿里斯通，是雅典早期国王高德鲁王族的后代，柏拉图在幼年丧父后，母亲改嫁，因此父亲及父亲的家族对柏拉图影响不大。柏拉图的母亲佩里克蒂娥妮出自梭伦家族，柏拉图属于梭伦的第七代后裔。柏拉图母亲的亲兄弟卡尔米德和堂兄弟克里底亚都是雅典"三十僭主"的代表人物。柏拉图丧父后母亲改嫁皮利兰柏，继父是一个奴隶主贵族，家中富有资财，是伯里克利的支持者，在雅典有一定的地位，其对柏拉图有着良好的影响。

柏拉图原名阿里斯托克勒（Aristocles），意思是"最好最有名"，这本是承继他祖父的名字。据说是他的体育教师给他取名柏拉图（Plato），意为"宽阔肩膀或宽阔额头的"。柏拉图的两个哥哥阿得曼图和格劳孔是苏格拉底的追随者，经常在柏拉图的对话中出现，他还有一个姐姐和一个弟弟。

柏拉图的童年时代受过良好的希腊时代应有的传统教育，读书识字，参加体育训练，接受全面的心身锻炼。约在公元前 409 年开始服兵役。由于此时雅典与斯巴达的战争在国外进行，雅典国内相对稳定，呈现歌舞升平的局面。柏拉图在青年时代赶上了希腊戏剧黄金时代的尾声，观看各种悲剧、喜剧的演出，培养出了他良好的文学修养，他热衷于诗歌创作，从现存的柏拉

图对话中可以看出其"诗的风趣",还可以看到他经常谈到和引用古希腊作家
及其作品。更为可贵的是柏拉图成功地开创了利用对话这个文学形式中去阐述
自己的思想,或生动,或沉着,或激情,或玄思,无不显示出他极高的文学才
能和驾轻就熟的技巧。柏拉图的对话风格也受到了苏格拉底的问答法的影响。

柏拉图的叔父查密底斯是苏格拉底的好友,因此柏拉图拜在苏格拉底的
门下学习也是顺理成章之事。大约在公元前407年,柏拉图20岁时在聆听了
苏格拉底的宣教后,从学于苏格拉底,从文学创作转向哲学研究,并为此贡
献了一生。在苏格拉底那里柏拉图获得了他所希冀得到的智慧与指导,在柏拉
图的大部分对话中是以苏格拉底为主要发言人,表明了柏拉图对自己老师的敬
仰。他说:"我要感谢天地,因为我生就是一个人,而不是一头不能讲话的动物;
其次我生为一个男人,而不是一个女人;我生就是一个希腊人,而不是一个
外国人;最后我自豪的是出生在苏格拉底有生之年的雅典人。"[1]

公元前404年伯罗奔尼撒战争结束,雅典建立了以柏拉图母亲的堂兄弟
克里底亚为首的"三十僭主"政体,柏拉图母亲的亲兄弟卡尔米德也是其中的
成员。柏拉图青年时代对政治有兴趣,他的舅舅们也曾邀请其参加他们的政
府,柏拉图也相信他们会把城邦的治理从不正义引向正义。但事实是"三十僭
主"的暴政引起群众的抵抗,特别是使受柏拉图尊敬的苏格拉底被非法逮捕,
这使得柏拉图开始对"三十僭主"的寡头政治感到十分厌恶,痛心于雅典贵族
政治堕落为寡头政治,这也使得柏拉图第一次想参加政治活动的愿望破产。

雅典恢复民主政权后,柏拉图再一次萌生了参加政治生活的愿望,但是
民主派却将苏格拉底以传播异说、毒害青年的罪名进行控告,被法庭判以死刑,
处变不惊的苏格拉底在从容地申辩之后,公元前399年慷慨赴难。这令亲眼
目睹全过程的柏拉图悲痛不已,终生难以忘怀。这使得柏拉图再次萌发的参
与政治活动的希望彻底破灭。柏拉图决心要继承苏格拉底的衣钵,开始思索
民主制度几废几兴后如何实现城邦的正义,哪种人才能把国家治理好,萌生
了探求并建立一个稳定、和谐、正义、不变、完善的理想社会的宏愿。他在《理
想国》中描绘的现实四种政体的更替,正是以雅典政体的频繁变更为背景的。

苏格拉底去世以后不久,柏拉图便离开雅典从墨加拉出发周游于地中海
地区,包括小亚细亚沿岸的伊奥尼亚一带及意大利南部的若干希腊殖民地城

---

[1][美]保罗·摩尔,苏隆编译.柏拉图十讲[M].北京:中国言实出版社,2003.47.

邦，访问过毕达哥拉斯门徒所组成的学派，开始了长达 12 年的游历生活。柏拉图的这次游历对他具有重要的意义。通过访问和考察这些地方，使他的见解和知识得到了丰富，并且正是在这段游历前后开始形成他自己的思想。他在游历期间认真考察了各地的政治、法律、教育等制度，对当时的社会现实有了具体的认识。柏拉图在这次游历中，还进一步研究了当时的数学、天文学以及各派哲学思想，特别是详细地研究了毕达哥拉斯的数学、哲学和麦加拉学派对一、存在及善的看法，所有这些对他日后形成的哲学思想有很大影响。

柏拉图在公元前 387 年即他的不惑之年返回雅典，在这一年雅典签订丧权辱国的《安太尔西达和约》，将所有小亚细亚地区割让给波斯，雅典与斯巴达继续交战，统一的希望渺茫，整个希腊世界日渐垂危。柏拉图下定决心，在雅典城外西郊买了阿卡德米花园，建立了自己的学园，自此柏拉图放弃政治，开始讲学著书，前后有 20 年。根据拜占庭时代学者的记述，在阿卡德米门前立着一块石碑，上书"不懂几何学者勿入"的字样，说明几何学是柏拉图学说的奠基石，也说明他学说中毕达哥拉斯学术所占成分之多。他招收学生，首先必须要求具备初等的数理知识，否则便难以进一步获得深奥的哲学思想；再者，获得他所提倡的最高智慧"理念"的，必须是深刻的、内心转移、人品端正的人。柏拉图学园是欧洲历史上第一所综合性学校，它既是学校，又是研究机构，培养学者和政治人才，提供政治咨询，探讨自然科学，对当时的自然科学进行了初步的研究。

柏拉图学园的创立，在西方学术史上是一件大事，它培养出一大批著名的学者，对后世产生了深远的影响，而且在教育史上提供了一个成功的范例，把教学与科研、学院与研究院有机结合起来。他的学园成了"中世纪和近代大学直接的先驱"。当时有许多学者登门造访、质疑问难，他的学园不仅成为雅典的最高学府，而且成为全希腊的学术中心，不少学生都是希腊城邦的世家子弟。教学活动是通过对话方式进行的，除了纯学术则研究，其重点仍在于学术与现实政治的结合，它不是意在超凡脱俗、远离社会生活，而在于用柏拉图的哲学、政治学引导下的教育方针培养城邦管理的中坚。学园开设很多课程，包括几何、数学、天文、音乐、法律、哲学等等，其中，又首重几何学，柏拉图把它放在一切科学之端，是哲学学习的预备课程。他认为，几何的研究是空泛无形的，属于感觉意外的理念世界，必须应用灵魂体系的抽象思维来掌握,对无形的不可感的事物的抽象思维正是认识"理念"的必要积累。在学园里,学生和老师无拘无束、畅所欲言地探讨问题,尽情地表达自己的意见和看法,另外,这里也采取男女平等的政策,兼收女弟子。学园前后持续存在达 900 余年之久,为西方世界和近代培养出大量的学者和文人。这之后,西方的学术教研机构至今依然沿用"阿卡德米"这一名字。

学园时期,对柏拉图来说,是一生中最稳定的时期,也是他在理论上最有创建的时期。柏拉图在积极从事为各城邦提供政治、法律服务与咨询的同时,也领导学园开展自然科学的研究,特别是对数学与几何学的研究尤为重视。当时,学园已经对动物学、植物学与生物学进行了初步的系统的分类研究,后来,亚里士多德正是在这个基础上,根据学园搜集到的大量资料,对生物学做进一步的研究。此外,地理学、天文学、宇宙学也是学园关注的学科。这个时期是柏拉图的许多理论形成、发展、变化的时期,展现出他的思想的变化轨道,这也就是人们所常说的柏拉图的中、晚期思想存在着明显的差异。我们以他第二次前往西西里(公元前 367 年)为界,把柏拉图后 40 年的学园时期分为两段。前半段柏拉图主要把精力花在学园的管理、教学上,同时也撰写不少著作,包括《美诺篇》、《会饮篇》、《斐多篇》、《理想国》、《斐德罗篇》、《巴门尼德篇》、《泰阿泰德篇》。这些对话在柏拉图哲学发展史上具有重要的意义,它们是柏拉图"相论"不同发展阶段的标志。人们一般把《美诺篇》以后的著作,叫作柏拉图的中期著作;把《巴门尼德篇》以后的著作,叫作柏拉图的晚期著作。后半段也即柏拉图的晚年时期,除了两次前往西西里之外,柏拉图仍然主持学园的教学和研究工作,相继写出一批晚年著作,包括《智者篇》、《政治家篇》、《斐莱布篇》、《蒂迈欧篇》、《克里底亚篇》、《法律篇》和《书信集》。其中《法律篇》就是他晚年时期意识到《理想国》太过于理想,实际上不可能实现,于是他重新设计了一个最接近于理想的政治制度。在这个新制度的蓝图中,用法治代替了哲学家的人治,恢复了私有财产制和一夫一妻制家庭,教育制度也更完善。在《法律篇》中相对其他的对话枯燥陌生,整部作品只是作为《国家篇》做不得已的补充。

柏拉图主持学园 40 年,取得丰硕成果,弟子众多,影响深远。公元前347 年柏拉图死于庆祝某个学生婚礼的宴会,时逢第 108 届奥林匹克运动会,恰巧那天也是他的生辰,他活满了 80 岁。狄奥根尼·拉尔修这样描述:"柏拉图被归葬在他为之贡献了大部分生命和精力的地方，这旦（阿卡德米学园）也是他哲学精神汇聚之地……阿波罗把医神阿斯科勒庇俄斯和柏拉图赐予给凡人，他们一个拯救了凡人的肉体，一个拯救了他们的灵魂。在婚礼中，柏拉图的灵魂在欢快中升入了他自己建造的理想城邦之中。"

他当时在人们心目中的形象可用他的学生亚里士多德的悼词来佐证：

岿岿圣德，莫之能名。光风霁月，涵育贞明。

有诵其文，有瞻其行。乐此盛世，善以缮生。

（二）主要教育思想

1. 教育观

（1）教育的功能

柏拉图认为，当政者应注意的一件大事就是教育和培养，因而他在《理想国》中拟定了教育和培养公民的原则纲要。

柏拉图认为，良好的政治制度和良好的教育能培养出良好的公民，如果在一个国家的公民中充斥着小偷、扒手、盗贼，就是由于这个国家里缺少良好的教育、良好的培养和良好的政治制度。

一种正确的教育，能防止公民的护卫者变成公民的残害者，由公民的温和的朋友变成野蛮的主子。就如牧羊人养了猎犬以保护羊群，猎犬不去驱走豺狼，保护羊群，反而危害羊群一样。如果护卫者受过良好的教育，就可以保证他们不致变质。

护卫者受过良好的教育，就不致擅自改变国家已制定的法律。

社会需要医生、法官这一类专业人才，如果一个国家不能自己培养此类专业人员而必须利用舶来品，乃是这个国家的教育的耻辱。

柏拉图相信良好的教育可使一国中的人性得到改造，正确的教育可以使人们成为有理性的人。有健全性格的人受到良好教育，又变成更好的人，胜过他们的祖宗，也使他们的后裔更好。例如身体的训练：良好的培养和教育造成良好的身体素质，良好的身体素质再接受良好的教育，产生出比前代更好的体质，这除了有利于别的目的外，也有利于人种的进步。

每个人的灵魂中都有理性、激情、欲望三种成分，欲望占每个人的灵魂的最大部分，并且本性是贪得财富的。只有当一个人受过良好的教育，他的理智和激情受到良好的培养和训练，使理智得到加强，这个人的理智、激情和欲望这三者间的关系才能得到协调，用理智领导激情和欲望，三部分彼此友好和谐，都安守自己的本分，这样的人才是有节制的人。国家和个人的节制的美德是由教育培养而成的。

一个人成为什么样的人，从小所受的教育至关重要。每个人最初所受教育的方向容易决定以后行为的性质，感召的力量是不小的。一个人从小所受的教育把他往哪里引导，就能决定他后来往哪里走。

总之，柏拉图认为，教育对于良好的政治制度的维护、人性的改进、人种的改良、道德水平的提高都是至关重要的。

（2）教育的任务

教育的任务不在于把知识灌输到灵魂中去，而在于使灵魂转向。柏拉图认为，人生来就有一种获取知识的能力，例如眼睛有视力，耳朵有听力；但是只有当整个身体和灵魂转变方向，转离黑暗、转向光明时，才能见到事物本身而不是认识事物的影像。所谓转离黑暗、转向光明，就是转离变动不居的感性世界，转向永恒不变的理性世界，看到实在，看到真理，认识善的理念。

在《理想国》第七卷的开头部分，柏拉图打了一个著名的"洞穴"的比喻，柏拉图是用这个比喻说明"把受过教育的人与没受过教育的人的本质"作一个对比。那些身体受着束缚不能动弹、面向洞壁的阴影的囚徒，就如同没有受过教育的人，他看见的只是事物的影像而不是事物本身，听见的只是声音在洞壁上折回的回声，而不是真实的声音。他们没有认识真理，没有认识善。受过教育的人就是挣脱了身体的束缚，转过身来，面向火光，面向真实的人和物的人。只有他们才能看到实在，认识真理，认识善的理念。教育的任务，就是使人挣脱束缚，转离黑暗和影像，转离转瞬即逝的感性世界，转向光明和实物，转向永恒的理念世界，认识最高的理念——善。

柏拉图认为，教育实际上并不像某些人在自己的职业中所宣传的那样。他们宣称，他们能把灵魂里原来没有的知识灌输到灵魂里去，好像他们能把视力放进瞎子的眼睛里去似的。而知识是每个人灵魂里都有的一种能力，每个人用以学习的器官就像眼睛——整个身体不转变方向，眼睛是无法离开黑暗、转向光明的。同样，作为整体的灵魂，必须转离变化的世界，直至它的"眼睛"得以正面观看实在，观看所有实在中最明亮者，即我们所说的善者。

善，即是认识对象，也是认识能力。当人们挣脱了可变世界的束缚，转向了实在以后，他们也就有了敏锐的视力、能更好地认识事物的本质。柏拉图认为，善的理念给予知识的对象以真理，给予知识的主体以认识能力。

柏拉图所反复阐述的最高的理念——善，并不是抽象而漫无边际、玄妙而不可捉摸的东西。相反，它是非常明确、具体的。柏拉图说，当哲学家看见了善本身的时候，他们得用它作为原型，管理好国家、公民个人和他们自己。由此可见，所谓最高的善的理念，不过就是在《理想国》中提供的一套治国方略和教育方案，认识并接受这一套治国方略和教育方案，就是认识了最高的善，趋向了真理；实践这一套方略和方案，就是实践了最高的善。教育的最高的和根本的任务就是引导人们转离变化着的世界，认识存在于头脑中、思维中的不变的理想世界，并实践这个理想。

（3）教育的目的

教育的最高理想是造就哲学家，由这种哲学家担任国王，即哲学家——国王（哲学王）。柏拉图所理想的哲学家的品格，也就是他所要培养的理想的人格。

柏拉图的理想人格，总的说来，就是身心和谐发展的人。具体讲是有良好的记性、敏于理解、豁达大度、温文尔雅、爱好和亲近真理、正义、勇敢和节制。或者说，哲学家的特点是敏于学习、强于记忆、勇敢大度、天性稳定。

哲学家首先应是智慧的爱好者，是眼睛专注于真理的人。他能把握永恒不变的事物，能认识美本身，而不是含有美的个别东西；他永远酷爱那种能让他看到永恒的实体的知识，酷爱关于实体的知识的全部，接触每一事物的真正实体，追求真理。

哲学家必须是爱国的能经受考验的人。无论是遭遇到困难还是恐怖或是任何其他变故时，都能不改变自己的爱国心，如同真金不怕烈火，他们必须在劳苦、恐怖、快乐中受到考验。

哲学家必须是为全体公民谋最大幸福的人。在任何政府里，当他是统治者时，他不能只顾自己的利益而不顾属下老百姓的利益，他的一言一行都应是为了老百姓的利益。哲学家应有节制，不贪财。

哲学家应守卫国家的法律和习惯。

哲学家应追求完整、完全，摒弃小肚鸡肠；他应公正贤良，具有天然有分寸而又温雅的心灵。

总之，哲学家应是爱智、刚烈、敏捷、有力、高尚的人，是内外美兼备的人。

但是，柏拉图认为只有少数人能达到这种境界。对于大多数人来说，则只要求他们具有节制、正义的美德，军人集团则要求具有勇敢的美德。通过从幼年开始的教育、长期的观察、实践中的锻炼、艰难困苦中的考验、考试，从中逐级筛选，对筛选出的优秀分子提供长时间的系统的哲学学习，再到实践中考验，最后才能成为哲学家。故哲学家的培养是一个长期教育的过程，长期锻炼、考验的过程，层层筛选的过程，严格考试的过程。

2. 教育内容观

柏拉图为护卫者的教育设计的学科包括：音乐、体操、数学、几何、天文、和声学、辩证法（哲学），此外还有作为必修科目的实际锻炼。

（1）音乐

古代希腊音乐教育的内容比现在宽泛，包括讲故事、唱歌、演奏乐器、朗诵诗歌等，实际上是文艺教育。柏拉图认为护卫者的教育应从幼年的音乐教育和体操开始，而音乐应先于体操，两者的目的都是为了陶冶心灵。在一个人的幼小柔嫩的阶段，最容易接受陶冶，你要把他塑造成为什么形式，就能塑造成什么形式。先入为主，早年接受的见解总是根深蒂固，不容易更改的。因此人们要特别注意，为了培养美德，儿童最初听到的应该是最优美高尚的故事。于是，就提出了审查并慎重选择教材的问题。柏拉图主张，首先要审查故事的编者，接受他们编得好的故事，拒绝那些编得不好的故事。要鼓励母亲和保姆给孩子们讲那些已经审定的故事，用这些故事铸造他们的心灵，比用手去塑造他们的身体还要仔细。他们现在所讲的故事大多数我们必须抛弃。首先必须痛加谴责的是丑恶的虚假的故事，最荒唐的莫过于把最伟大的神描写得丑恶不堪。决不该让年轻人听到诸神之间明争暗斗的事情，他们也不应听到关于大逆不道、想尽方法严惩自己的犯了错误的父亲的神话故事，不应听到诸神或巨人之间的争斗的故事。不应把诸神与英雄们对亲友的种种怨仇作为故事和刺绣的题材，以便使护卫者从小受到熏陶，把勾心斗角、耍弄阴谋诡计当作奇耻大辱。必须强迫诗人按照这个原则写作故事，不许他们写不合规范的东西。

不但要监督诗人，强迫他们在诗篇里描绘有良好品格的形象（否则，宁可不要诗歌）；同时也要禁止人们在绘画、雕刻、建筑或任何艺术作品里描绘邪恶、放荡、卑鄙、龌龊的坏精神，以免护卫者从小接触罪恶的形象，耳濡目染，不知不觉间铸成大错。我们必须用健康的艺术作品，使年轻人如入健康之乡，眼睛看到的、耳朵听到的，随处如沐春风，如沾化雨，潜移默化，不知不觉间受到熏陶，从小就和优美、理智融合为一。

音乐的曲调和节律也应加以选择，使之符合歌词的内容。

柏拉图反对在音乐上标新立异，认为任何花样翻新都对国家充满危险。音乐应该培养人们的守法精神。

（2）体操

音乐教育之后，年轻人应接受体育锻炼。护卫者必须从童年起就在体育方面接受严格训练。体育锻炼应着眼于军事上的需要，未来的战争参加者必须如猎犬一般警觉，视听敏锐；在行军时，虽经烈日风雨，仍无损健康。年轻人宜经历劳作、痛苦和竞赛的考验，经历恐饰和欢乐的考验，并戒除酗酒、贪睡的坏习惯。

（3）数学

计算和数学是把灵魂拖着离开变化的世界进入实在世界的学问，算数和算学全是关于数的。这个学科能把灵魂引导到真理。数学还有实用价值，军人必须学会它，以便统率军队。哲学家学习它，是为了脱离可变世界，把握真理。那些天性擅长算术的人，也敏于学习其他一切学科；而那些反应迟钝的人，如果受了算术的训练，他们的反应也总会有所改善。

（4）几何

它在军事上有用是很明显的，因为事关安营扎寨、划分地段，作战和行军中排列纵队、横队以及其他各种队形，指挥官有没有学过几何学是大不一样的。几何学中的大部分较为高深的东西能帮助人们较为容易地把握善的理念。这门学科的真正目的是纯粹为了知识，把灵魂引向真理，使哲学家的灵魂转向上面。学习几何学对于学习其他学科也是有益的。

（5）天文学

如果我们要真正研究天文学，并且正确地使用灵魂中的天赋理智的话，我们也应该像研究几何学那样来研究天文学，提出问题，解决问题，而不去管天空中那些可见的事物。

（6）和声学

如果目的是为了寻求美者和善者，这门学问就是有益的。

柏拉图认为，研究以上学科，要深入到研究它们之间的相互联系和亲缘关系，并且得出总的认识，这些学科的研究才算有了结果，才有助于达到既定的目标。这就提出了研究辩证法——哲学的问题。所以，上述各学科的研究也可看作研究辩证法的"序言"（预备性学科）。

（7）辩证法

辩证法是最高的学问，再没有什么别的学科在它的上面。学习的课程到辩证法就完成了。当一个人企图靠辩证法通过推理而不管感官的知觉，以求把握每一事物的本质，并且坚持靠思想本身理解到善者的本质时，他就达到了可理知事物的顶峰了。这个思想的过程就叫作辩证的过程。只有辩证法有能力让人看到实在，也只让学习过我们所列举的那些学科的人看到它，别的途径是没有的。辩证法是唯一的一种研究方法，能够不用假设而一直上升到第一原理本身，以便在那里找到可靠根据。

但是，学好辩证法并不是轻易的事，因此必须挑选那些具有天赋品质的人，必须挑选出最坚定、最勇敢，在可能范围内也是最有风度的人，要求他们不仅性格高贵严肃，而且还具有适合这类教育的天赋。他们必须热爱学习，还要学习起来不感到困难。灵魂对学习中的艰苦比体力活动中的艰苦是更为可怕的，因为这种劳苦更接近灵魂，是灵魂所专受的，而不是和肉体共受的。他们还必须强于记忆，百折不挠，喜爱一切意义上的劳苦，否则不能完成如此巨大的学习和训练课程。

柏拉图列入课程中的四门学科：数学、几何、天文、音乐理论，后来合称为"四艺"，和早期智者建立的"三艺"（文法、修辞、辩证法）合起来并称"七艺"，在西方历史上成为稳定的学校教学科目长达一千多年。

在柏拉图的时代，还没有形成正规的三级学制，也没有固定的学习年限。所以《理想国》中规定的学习年限不十分明确，带有一定的随意性。例如，柏拉图一再强调早期教育的重要性，主张教育应尽早开始，但正规的教育从几岁开始，他并未明确规定。又如，他主张儿童到 10 岁时应送到乡下去锻炼，但是，他们是否、何时还要回到城市，却没有明确的交代。又如，柏拉图主张音乐教育和体育教育应从幼年开始，体操训练是终身的事；他又说在 20 岁以前有一个 2—3 年的体育训练阶段，这两者是不协调的。

从《理想国》中，我们只知道，每个公民，不分男女，从幼年开始就要受教育，首先学习音乐和体育锻炼。所有公民的孩子在 10 岁时要送到乡下去受教育，在 20 岁以前，有 2—3 年的体育训练阶段。在 20 岁以前的年轻人应学习前述除辩证法以外的学科。到 20 岁时，进行第一次挑选，挑选那些能将学习过的各门学科内容加以综合、研究了它们相互之间的联系以及它们和事物本质的关系，并在学习、战争以及履行其他义务中表现得坚定不移的人，给他们以更多荣誉。到 30 岁时，再从第一次挑选出的青年中进行第二次挑选，选出更富有天赋条件的青年，给予他们以更高的荣誉，并用辩证法考证他们，看他们能否不用眼睛和其他感官，跟随着真理达到纯实在本身。通过这次挑选和考试的人再用 4—6 年专心致志地学习辩证法，然后再让他们在 35 岁左右时回到实际工作中去，负责指挥战争或从事其他公务，积累实际经验。这样经过 15 年的实际锻炼，当他们接受各种考验，在各种诱惑面前坚定不移、决不畏缩时，当他们在一切方面都以优异的成绩通过考试时，在 50 岁时他们必须接受最后的考验，要求他们把灵魂的目光转向上方，注视着照亮一切事物的光源，看见善本身，并用它作为原型，管理国家、公民和自己。这时，他们用大部分时间研究哲学，轮到他们值班时，他们每个人都要不辞辛苦管理繁冗的政治事务。一旦走上统治者的岗位后，就要尽职尽责，直到他们培养出了自己的接班人，才可以辞去自己的职务，进入乐土。

3. 教育方法观

《理想国》中关于教育、教学方法虽然着墨不多，但柏拉图提出的几个原则意见对后世影响深远。

（1）寓教学于游戏

被迫进行的学习不能在心灵上生根，不要强迫孩子学习，要用做游戏的方法。教育者可以在游戏中更好地了解到他们每个人的天性。但是孩子们所进行的游戏必须是符合法律精神的游戏，否则他们就会成为违法的孩子，不可能成为品行端正的守法公民。寓教学于游戏的思想是柏拉图从古代埃及人的经验中吸取的，这个思想后来对西方教学思想产生了长远的影响。

（2）实际锻炼

教育的每一步都要和实际锻炼结合起来。一个长大了要做军人的人，必须从小实地见习战争，同时也要采取必要的安全、保护措施。在整个教育过程中，年轻人始终必须经历劳苦、艰难、危险、痛苦的磨炼，必须实际接受战争和其他实际工作的考验，取得实际经验；在集中学习哲学数年之后，又回到实际中锻炼。只有这种学习、研究和实际锻炼的紧密结合，才能培养出胜任职责的治国者或辅佐者。实践做好事能养成美德，实践做丑事能养成邪恶。

（3）考试

柏拉图是西方教育史上第一个提出以考试作为选拔人才方法之一的教育家。他要求一个未来的治国者，除了接受平时的考察外，还必须在 30 岁和 50 岁时接受考试，以测定他们的学习成绩。

（三）柏拉图教育思想与实践的创新

柏拉图在《理想国》中设计的教育计划是为理想城邦服务的，它的对象是人的灵魂，通过培养灵魂中的正义，最终实现城邦的正义。这种教育强调提高灵魂的认识能力，使灵魂在经过一系列的专门的教育后，从对感觉世界的兴趣转向理性的真正的可知世界，达到最高的知识。这样的灵魂就是最善与最正义的，具有这样灵魂的日益完成才是真正的哲学家，才能为城邦立法，统治城邦，实现城邦的正义。教育就是为了达到这一目标。

品读时我们惊异地注意到，柏拉图的乌托邦与后世的乌托邦有很大的不同。他是想把它付诸实行的，他三次西西里之行，就是抱着这个目的。当然，都是徒然的。可是，不管是否实现，这种理论作为人类理想的一种展示，在人类思想发展史上，总留下了不可磨灭的痕迹。

柏拉图《理想国》中关于"哲学王"的话，也许可作为《理想国》的中心思想看待：除非哲学家作为国王统治城邦，或者那些我们称之为王或统治者的人真正地充分地学习哲学，直到政治权力与哲学相互联合，城邦将不能脱离罪恶，我们所描述的城邦也不可能实现……在任何城邦也不会有幸福，无论是公共幸福还是个人幸福。

柏拉图要做的，是唤醒个人的道德意识，这种意识发自天赋的认识善的能力。个人与善相结合，个人获得了善的知识，从而就会用善来指导自己的行为，使之内在是公正的。如此重大的实践问题与理论问题，直接涉及到社会长期发展，既有现实意义又有历史意义。

（四）如何解读柏拉图

柏拉图是对西方文化最有影响的人之一（可以与之相提并论的或许只有耶稣）。与其师苏格拉底相比，他的思想走得更远。柏拉图的思想逻辑链条：人—政治—人。也就是说，柏拉图比自己的老师更像老师，不止是在教育实践的质与量，更主要的是其对人予以了更多关注。但是，毋庸置疑的是其核心关注依然是政治、国家（严格地说应该称为城邦）。

1. "哲学王"是柏拉图"人—政治"思维环节的逻辑预设

柏拉图的《理想国》是西方教育史上三大经典著作之一（另外两部是卢梭的《爱弥尔》与杜威的《民主主义与教育》）。但与此同时，我们也必须注意到《理想国》更是一部著名的哲学著作、政治哲学著作。有些学者提出该书的译名应是《国家篇》，不止是因其英语译名是"Republic"，更主要的是著作的中心或者说主旨在于"理想国家（城邦）"的构建而非描绘。

柏拉图考察当时存在的各国（城邦）政治制度，认为没有一种政治制度是合乎理想的，他认为最理想的国家是由哲学家担任国王，或者现有的国王或王子用心学习哲学，成为哲学家，实行哲学家治国。哲学家是爱智慧、深明事理、认识了真理、品德高尚、一心为全体公民谋幸福的人。哲学家治国也就是圣人治国。在理想国中，哲学家是统治者，军人是辅佐统治的人，农人和手工业者则从事劳动，以养活前两种人。这三种人各安本分，不干预别人的事务，分工而又合作，不同而又团结，化多为一，全国团结得像一个人，这就是正义。每个人属于这三类人中的哪一类，不决定于出身、血统、财富，而决定于各人的天赋以及在教育和训练中的表现。生来具有金质的哲学家的儿子，如果只具有银质或铜、铁质，应归入军人或手工业者中去。农人、手工业者的儿子，如果生来具有金质或银质，则应归入哲学家或军人中去，真正做到选贤举能，无德不贵，无能不官。为了杜绝争夺、假公济私，在哲学家和军人中废除私有财产和一夫一妻制家庭，实行公产、共妻、儿童公育和优生优育制度。柏拉图认为这样的社会政治制度就能达到和谐、稳定、安宁、幸福、万古长青。实现和维持这一理想社会的手段就是教育，而教育的终极目标就是培养"哲学王"。

2.《法律篇》是柏拉图"政治—人"思维环节的逻辑归宿

柏拉图曾经有三次叙拉古之行，指望指导那里的僭主学习哲学，把他培养成哲学家——国王，以实现自己的政治理想。但柏拉图三次碰壁，在公元前360年其最后一次离开时表明在现实中创造"理想国"和"哲学王"的实验以失败告终。晚年创作的《法律篇》不止是其从理想到现实的坚实之旅，也是其人性认识的逻辑回归。

早年的柏拉图因师从苏格拉底，深受其影响。其最早提出完整的客观唯心主义见解，他不承认物质世界的客观性和真实性，认为世界由"现象世界"和"理念世界"构成。其中，"现象世界"是不真实的、不稳定的、虚幻的，而"理念世界"才是真实的、永恒的。"现象世界"只不过是理念世界的反映而已，是理念世界微弱的影子，它由现象所组成，而每种现象是因时、空等因素表现出暂时变动的特征。理念世界是人们追求的目标，被划分为好些等级，形成宝塔形，最低层的最具体、最简单，层次越高则越完善。"理念世界"的最高峰是纯理念的神。神是宇宙精神和真理的化身，创造宇宙万物，主宰并决定一切。

柏拉图认为人是神的"创造物中最好的"。人由肉体和灵魂构成，人的灵魂原本存在于"理念世界"，认识"理念世界"的许多事情。由于肉体和灵魂结合时的惊慌与骚乱，人暂时遗忘了对真理的认识。人的一切知识都由天赋而来，以潜在的方式存在于人的灵魂之中。因此，认识不是对世界的感受，而是对理念世界的回忆。认识真理的过程也就是回忆理念世界的过程。柏拉图说，"学习……过程，……就是恢复我们固有的知识的过程"，"学习只不过是回忆"。柏拉图就是这样把他的客观唯心主义与教育联系起来，是一种典型的先验论。

借由教育构建的理想国家里必须存在三种人：哲学家、军人和劳动者（主要是农民和手艺人）。哲学家是奴隶制国家的最高统治者，是神用金子造成的，具有最高的美德——"智慧"，是灵魂中理性部分最强的人；军人是奴隶主国家社会秩序的维护者，是神用银子造成的，具有"勇敢"的美德，意志是灵魂的主要成分；手艺人、农民是生产劳动者，是神用铜铁造成的，具有"节制"的美德，情感在他们的灵魂中占主要成分。奴隶被看成是会说话的工具，不属于上述三种的任何一等。柏拉图认为三个等级的人应各司其职、泾渭分明，按神的安排组成"理想之国"。整个等级间最忌发生"互相干预"、彼此代替的现象，因为这样就会使社会不宁、公道全失。

《法律篇》关注的问题不再是教育而是法律，这不止是柏拉图政治哲学的一以贯之，也是作为"暗线"的人性从理想到现实的回归——《理想国》中的"处处皆人"与《法律篇》中的"几无人迹"实则"处处关人"就是柏拉图从"人能皆善"到"人能可善"的顿悟！

3. 人与政治的条件关系而非本质关系，揭示的是柏拉图"人—政治—人"思维链条的思想实践而非政治实践

西方历史上唯一将哲学家与国家的统治者集为一身的唯有古罗马中后期位列"五贤帝"最后一位的马可·奥勒留（著有《沉思录》），他是一个充满了悲观抑郁色彩的斯多葛主义哲学家，他主张既不可能也不应该反抗命运，一切都应顺其自然、安于现状。他身后的罗马帝国已经身将朽木。当然，柏拉图不会知悉身后的历史事实，但柏拉图晚年的著述已经清楚地表明自己原初的逻辑预设必须修正，以人的教育尤其是"哲学王"的培养来实现政治的昌明注定只能是"思想实践"。只有到了亚里士多德才最终深刻揭示了人与政治的本质关系。

（五）名著《理想国》文本简析、原文节选、导读

《理想国》约前 370 年，是西方历史上第一部教育理论著作，被认为是西方教育史上的三大里程碑之一，历来备受重视，是反映柏拉图哲学、政治学、伦理学及教育思想的代表作。

《理想国》是柏拉图集毕生精力所著的不朽之作，集其哲学与政治、教育思想之大成。全书共分十卷，一般研究者都将全书分为五个部分：第一卷是，第一部分，第二至四卷是第二部分，第五至七卷是第三部分，第八至九卷是第四部分，第十卷是第五部分。

第一卷首先提出了全书要讨论的主题，并且绪论性地对这个问题做了讨论：关于什么是正义及其对人是否有益。正反两方面的答复都给出了，第一个回合，反方遭到驳斥，苏格拉底作为正义的辩护人的角色已经确定，全书的基调也确定了下来。

从第二卷开始，详细地讨论了苏格拉底的观点。第二至四卷作为第二部分，将个人正义与国家的正义做了类比，因其问题的相似性也就是苏格拉底所说的"大字"与"小字"的关系，将问题从个人道德上的正义转向了国家的正义。国家由三个阶层组成：卫国者、辅助者、生产阶级。国家的正义在于三个阶层各司其职，互不相乱，和谐一致。与此相应：灵魂也由三部分组成：理性、激情、欲望，三部分的和谐一致构成灵魂的正义。这样就回答了第一个问题：什么是正义。这个问题是回答正义对人是否有利的关键。这一部分还提出了社会分工基础上的国家生成论。分工使人的生存能力增强，可以使效率提高。国家产生自人类生活需要的多样性，没有一个人能够完全做到自给自足，因为人们的需要是多种多样的，由于彼此相互需要和相互帮助而居住在一起。人们不再满足于生存的标准，而要舒适地生活，城邦要扩张，军队因而产生，这样一个真正的国家就出现了。

第五至七卷作为第三部分，是以作为柏拉图哲学主体的相论为基本内容的。这部分论述了理想的国家中的妇女儿童问题。在古希腊，妇女是处于从属地位的，但柏拉图超出了这种流行的观点。在妇女问题上他是倾向于男女平等的观点的。柏拉图极其强调教育在培养未来的统治者中的作用。教育成为实现理想国，培养下一代统治阶级，维持理想国的重要手段。他认为国家

应该由且必须由哲学家来统治，整体的幸福才有可能获得。哲学王的教育是有计划地进行的，教育理论的基础是以至善为目的的相论。哲学家在理想城邦中不再允许脱离公众与社会独享沉思之快乐，他必须用劝说或者强制手段来帮助其他人认识到善。在哲学王的治理下，达到城邦的整体和谐与幸福。

第八至九两卷再次讨论正义还是不正义对人更加有益的问题。其中讨论了由于理想政体的败坏而形成的四种不同的政体：荣誉政体、寡头政体、民主政体、僭主政体。柏拉图首先探讨了第一种不完善的政体是荣誉政体，他认为这种政体相当于斯巴达所推行的政体。比较而言，柏拉图对于这种政体更多的是持肯定的态度，认为它是现实政体中最好的。接着柏拉图指出寡头政体是建立在财产的考虑上的政府，在这种政府中，政权操在富人手中，穷人不能分享政权。而民主政体则政治机会平等，允许个人有从事他所愿意的任何事情的自由。这无疑是指以雅典为代表的民主政体。而当民主政体中的穷人与富人之间产生冲突与斗争时，僭主就乘机取得政权，建立个人的独裁统治。这种政体是四种政体中最坏的最可鄙的政体。与这四种政体相对应的是不同政体下的四种性格的公民，他们是依次失去对欲望的节制的品德递降的过程。到了僭主，他的人格完全为欲望所控制，以致失去了理性，成了私欲的奴隶，成了最不正义的人。正义的灵魂和理性的统治下，三个组成部分相互和谐。就是说幸福在于正义。

第十卷重新讨论了诗歌的形而下性。柏拉图认为，艺术的本质是复制和模仿。故而认为诗歌相对而言，只是摹本的摹本，可感事物是对理念的一种模仿，而诗歌创作又是对可感事物的模仿，因而距离本身更为遥远，是形而下的。诗人对模仿的东西没有真知，甚至也不能有正确意见，而他们创造的作品使人迷惑，妨碍了人对真知的追求，因为诗歌吟咏引发人的情感与欲望，对理性是一种威胁，因而要将诗歌逐出城外。

此书最精彩的部分是第七章，柏拉图把理想国中的人分为三等：立法者，保护者和平民。而众所周知，"一切以人为本"，要建立柏拉图心目中的那种理想国，非得有优秀的哲学家不可。应该如何进行教育才能培养出哲学王实在是个让人头疼的问题。柏拉图在这里为那些将来要成为哲学王的好苗子们，列出了一张从初等到高等教育的课程表——"初等的文艺教育和体育教育、代数学、平面几何、立体几何、天文学、音乐、辩证法。"

《理想国》是柏拉图的中期著作，是柏拉图最有影响的著作，因而也是我们研究柏拉图教育思想的主要文献。此书的汉译本除 1927 年和 1957 年出版的吴献书的全译本外，商务印书馆 1986 年还出版了郭斌和、张竹明的全译本。

柏拉图的《理想国》自有眼光极为独到的方面，就是在论述培养人的对话中，包含着他的教育思想和教育理想。这些宝贵的精神财富，对于我们今天的教育改革尤其是理论创新方面尚有可参考的地方，有助于我们今天解决模仿与创造的问题、思想道德教育的问题。

以批判继承、勇敢创造著名的德国哲学大师黑格尔说："要研究柏拉图的对话必须具有不计较利害得失的头脑。当一个人开始研读一篇对话时，他发现辉煌的导言，美丽的景色，他发现里面有令人向往、特别对青年有诱惑力的东西。如果你被那最初一部分所引诱，那么，你就会来到那真正的辩证法和思辨的思想"[1]。黑格尔的比喻巧妙地启发我们，一定要勇敢去探索、去开拓、去发掘，不要怕被这些荆棘所扎伤，不要轻易退却，也许柏拉图告诉你的，比期望的多得多。

《理想国》[2]（节选）：

第二卷[3]

【文本简析】

第 1 节，由前文关于爱学习和爱智慧的讨论引出城邦"真正善的护卫者"的天性；第 2 节，城邦的护卫者的天性与教育决定了城邦的"正义与非正义"，所以，有必要"从容不迫"地谈谈其驾驭问题；第 3 节，城邦护卫者的音乐、体操教育及其先后顺序，而在音乐、体操教育之前要施以故事教育；第 4 节，故事教育的早期教育特点，决定故事的内容要谨慎；第 5 节，丑恶的假故事是最坏的教育；第 6 节，为了培养美德，儿童们最初听到的应该是最优美高尚的故事。

---

[1]黑格尔, 贺麟、王太庆译.哲学史讲演录（第二卷）[M].北京: 商务印书馆, 1996.205.

[2][古希腊]柏拉图著, 郭斌和、张竹明译.理想国[M]. 北京: 商务印书馆, 1986.在节选的文本简析中的分节均为作者根据需要自行划分, 未受原译作限制.

[3][古希腊]柏拉图著, 郭斌和、张竹明译.理想国[M]. 北京: 商务印书馆, 1986.69—73.文中的"苏"是苏格拉底, "格"是格劳孔, "阿"是格劳孔的兄弟阿得曼托斯.

【原文节选】

……

1.苏：你承认，爱学习和爱智慧是一回事吗？

格：是一回事。

苏：那么，在人类我们也可以有把握地这样说：如果他对自己人温和，他一定是一个天性爱学习和爱智慧的人。不是吗？

格：让我们假定如此吧。

苏：那么，我们可以在一个真正善的城邦护卫者的天性里把爱好智慧和刚烈、敏捷、有力这些品质结合起来了。

格：毫无疑问可以这样。

2.苏：那么，护卫者的天性基础大概就是这样了。但是，我们的护卫者该怎样接受训练接受教育呢？我们研讨这个问题是不是可以帮助我们弄清楚整个探讨的目标呢——正义和不正义在城邦中是怎样产生的？我们要使我们的讨论既充分又不拖得太长，令人生厌。

阿：是的。我希望这个探讨有助于我们一步步接近我们的目标。

苏：那么，亲爱的阿得曼托斯，我们一定不要放弃这个讨论，就是长了一点也要耐心。

阿：对！一定不放弃。

苏：那么，让我们来讨论怎么教育这些护卫者的问题吧。我们不妨像讲故事那样从容不迫地来谈。

3.阿：我们是该这样做。

苏：那么，这个教育究竟是什么呢？似乎确实很难找到比我们早已发现的那种教育更好的了。这种教育就是用体操来训练身体，用音乐来陶冶心灵。

阿：是的。

苏：我们开始教育，要不要先教音乐后教体操？

阿：是的。

苏：你把故事包括在音乐里，对吗？

阿：对。

苏：故事有两种，一种是真的，一种是假的，是吧？

阿：是的。

苏：我们在教育中应该两种都用，先用假的，是吗？

阿：我不理解你的意思。

苏：你不懂吗？我们对儿童先讲故事——故事从整体看是假的，但是其中也有真实。在教体操之前，我们先用故事教育孩子们。

阿：这是真的。

苏：这就是我所说的，在教体操之前先教音乐的意思。

阿：非常正确。

4. 苏：你知道，凡事开头最重要，特别是生物。在幼小柔嫩的阶段，最容易接受陶冶，你要把它塑成什么型式，就能塑成什么型式。

阿：一点不错。

苏：那么，我们应不应该放任地让儿童听不相干的人讲不相干的故事，让他们的心灵接受许多我们认为他们在成年之后不应该有的那些见解呢？

阿：绝对不应该。

苏：那么看来，我们首先要审查故事的编者，接受他们编得好的故事，而拒绝那些编得坏的故事。我们鼓励母亲和保姆给孩子们讲那些已经审定的故事，用这些故事铸造他们的心灵，比用手去塑造他们的身体还要仔细。他们现在所讲的故事大多数我们必须抛弃。

5. 阿：你指的是哪一类故事？

苏：故事也能大中见小，因为我想，故事不论大小，类型总是一样的，影响也总是一样的，你看是不是？

阿：是的，但是我不知道所谓大的故事是指的哪些？

苏：指赫西俄德和荷马以及其他诗人所讲的那些故事。须知，我们曾经听讲过，现在还在听讲着他们所编的那些假故事。

阿：你指的哪一类故事？这里面你发现了什么毛病？

苏：首先必须痛加谴责的，是丑恶的假故事。

阿：这指什么？

苏：一个人没有能用言词描绘出诸神与英雄的真正本性来，就等于一个画家没有画出他所要画的对象来一样。

阿：这些是应该谴责的。但是，有什么例子可以拿出来说明问题的？

苏：首先，最荒唐的莫过于把最伟大的神描写得丑恶不堪。如赫西俄德描述的乌拉诺斯的行为，以及克罗诺斯对他的报复行为，还有描述克罗诺斯的所作所为和他的儿子对他的行为，这些故事都属此类。即使这些事是真的，我认为也不应该随便讲给天真单纯的年轻人听。这些故事最好闭口不谈。如果非讲不可的话，也只能许可极少数人听，并须秘密宣誓，先行献牲，然后听讲，而且献的牲还不是一只猪，而是一种难以弄到的庞然大物。为的是使能听到这种故事的人尽可能的少。

阿：啊！这种故事真是难说。

苏：阿得曼托斯呀！在我们城邦里不应该多讲这类故事。一个年轻人不应该听了故事得到这样一种想法：对一个大逆不道，甚至想尽方法来严惩犯了错误的父亲的人也不要大惊小怪，因为他不过是仿效了最伟大的头号天神的做法而已。

阿：天哪！我个人认为这种事情是不应该讲的。

6. 苏：决不该让年轻人听到诸神之间明争暗斗的事情（因为这不是真的）。如果我们希望将来的保卫者，把彼此勾心斗角、耍弄阴谋诡计当作奇耻大辱的话。我们更不应该把诸神或巨人之间的争斗，把诸神与英雄们对亲友的种种怨仇作为故事和刺绣的题材。如果我们能使年轻人相信城邦的公民之间从来没有任何争执——如果有的话，便是犯罪——老爷爷、老奶奶应该对孩子们从小就这样说，等他们一长大一点还这样说，我们还必须强迫诗人按照这个意思去写作。关于赫拉如何被儿子绑了起来以及赫淮斯托斯见母亲挨打，他去援救的时候，如何被他的父亲从天上摔到地下的话，还有荷马所描述的诸神间的战争等等，作为寓言来讲也罢，不作为寓言来讲也罢，无论如何不该让它们混进我们城邦里来。因为年轻人分辨不出什么是寓言，什么不是寓言。先入为主，早年接受的见解总是根深蒂固不容易更改的。因此我们要特别注意，为了培养美德，儿童们最初听到的应该是最优美高尚的故事。

……

【导读】

本卷关于城邦护卫者教育内容、教育方式的对话，较好地诠释了柏拉图教育目的观——美德培养是重点，但美德的目的却是城邦的正义！

第三卷 [1]

【文本简析】

第1节，承前，将故事教育的原则推而广之，明确艺术教育的宗旨；第2节，幼年时期好的艺术教育的根本作用在于培植"善根"，在于抗拒"丑恶"；第3节，美德的培养也一如故事与艺术教育。

【原文节选】

……

1.苏：那么，问题只在诗人身上了? 我们要不要监督他们，强迫他们在诗篇里培植良好品格的形象，否则我们宁可不要有什么诗篇? 我们要不要同样地监督其他的艺人，阻止他们不论在绘画或雕刻作品里，还是在建筑或任何艺术作品里描绘邪恶、放荡、卑鄙、龌龊的坏精神? 哪个艺人不肯服从，就不让他在我们中间存在下去，否则我们的护卫者从小就接触罪恶的形象，耳濡目染，有如牛羊卧毒草中咀嚼反刍，近墨者黑，不知不觉间心灵上便铸成大错了。因此我们必须寻找一些艺人巨匠，用其大才美德，开辟一条道路，使我们的年轻人由此而进，如入健康之乡；眼睛所看到的，耳朵所听到的，艺术作品，随处都是：使他们如坐春风，如沾化雨，潜移默化，不知不觉之间受到熏陶，从童年时，就和优美、理智融合为一。

格：对于他们，这可说是最好的教育。

2.苏：亲爱的格劳孔啊，也就是因为这个缘故，所以儿童阶段文艺教育最关紧要。一个儿童从小受了好的教育，节奏与和谐浸入了他的心灵深处，在那里牢牢地生了根，他就会变得温文有礼；如果受了坏的教育，结果就会相反。再者，一个受过适当教育的儿童，对于人工作品或自然物的缺点也最敏感，因而对丑恶的东西会非常反感，对优美的东西会非常赞赏，感受其鼓舞，并从中吸取营养，使自己的心灵成长得既美且善。对任何丑恶的东西，他能如嫌恶臭不自觉地加以谴责，虽然他还年幼，还知其然而不知其所以然。等到长大成人，理智来临，他会似曾相识，向前欢迎，因为他所受的教养，使他同气相求，

---

[1][古希腊]柏拉图著，郭斌和、张竹明译.理想国[M]. 北京：商务印书馆，1986.107—109.

这是很自然的嘛。

格：至少在我看来，这是幼年时期为什么要注重音乐文艺教育的理由。

3. 苏：这正如在我们认字的时候那样，只有在我们认识了全部字母——它们为数是很少的时我们才放心地认为自己是识字了。不论字大字小我们都不敢轻忽其组成元素，不论何处我们都热心急切地去认识它们，否则，我们总觉得就不能算是真正识字了。

格：你说得很对。

苏：同样，比如有字母显影在水中或镜里。如果不是先认识了字母本身，我们是不会认识这些映象的。因为认识这两者属于同一技能同一学习。

格：确是如此。

苏：因此，真的，根据同样的道理，我们和我们要加以教育的护卫者们，在能以认识节制、勇敢、大度、高尚等等美德以及与此相反的诸邪恶的本相，也能认识包含它们在内的一切组合形式，亦即，无论它们出现在哪里，我们都能辨别出它们本身及其映象，无论在大事物中还是在小事物中都不忽视它们，深信认识它们本身及其映象这两者属于同一技能同一学习在能做到这样之前我们和我们的护卫者是不能算是有音乐文艺教养的人的，不是吗？

格：确实是的。

苏：那么如果有一个人，在心灵里有内在的精神状态的美，在有形的体态举止上也有同一种的与之相应的调和的美，——这样一个兼美者，在一个能够沉思的鉴赏家眼中岂不是一个最美的景观？

格：那是最美的了。

……

【导读】

　　教育的理性或者说理性的教育一定是着眼于完整的人的塑造，而人的培养是多方面的、渐进的、合乎人性的！

第四卷[1]

【文本简析】

第1节，教育是"大事"（能解决问题的事）；第2节，音乐有助于养成遵守纪律的精神；第3节，教育可以发现并真正确立"规矩"。

【原文节选】

……

1.苏：我的好阿得曼托斯，我们责成我国当政者做的这些事并不像或许有人认为的那样，是很多的困难的使命，它们都是容易做得到的，只要当政者注意一件大家常说的所谓大事就行了（我不喜欢称之为"大事"，而宁愿称之为"能解决问题的事"）。

阿：这是什么事呢？

苏：教育和培养。因为，如果人们受了良好的教育就能成为事理通达的人，那么他们就很容易明白，处理所有这些事情还有我此刻没有谈及的别的一些事情，例如婚姻嫁娶以及生儿育女——处理所有这一切都应当本着一个原则，即俗话所说的，"朋友之间不分彼此"。

阿：这大概是最好的办法了。

苏：而且，国家一旦很好地动起来，就会像轮子转动一般，以越来越快的速度前进。因为良好的培养和教育造成良好的身体素质，良好的身体素质再接受良好的教育，产生出比前代更好的体质，这除了有利于别的目的外，也有利于人种的进步，像其他动物一样。

阿：有道理。

苏：因此扼要地说，我国的领袖们必须坚持注视着这一点，不让国家在不知不觉中败坏了。他们必须始终守护着它，不让体育和音乐翻新，违反了固有的秩序，他们必须竭力守护着。当有人说，人们最爱听"歌手们吟唱最新的歌"时，他们会担心，人们可能会理解为，诗人称誉的不是新歌，而是新花样的歌，所以领袖们自己应当不去称赞这种东西，而且应当指出这不是诗人的用意所在。因为音乐的任何翻新对整个国家是充满危险的，应该预先防止。因为，若非

---

[1][古希腊]柏拉图著，郭斌和、张竹明译.理想国[M].北京：商务印书馆，1986.138—141.

国家根本大法有所变动，音乐风貌是无论如何也不会改变的。这是戴蒙这样说的，我相信他这话。

阿：是的。你也把我算作赞成这话的一个吧。

2. 苏：因此，我们的护卫者看来必须就在这里——在音乐里——布防设哨。

阿：这种非法的确容易悄然潜入。

苏：是的。因为它被认为不过是一种游戏，不成任何危害。

阿：别的害处是没有，只是它一点点地渗透，悄悄地流入人的性格和习惯，再以渐大的力量由此流入人与人之间的关系，再由人与人的关系肆无忌惮地流向法律和政治制度，苏格拉底呀，它终于破坏了公私方面的一切。

苏：呀！是这样吗？

阿：我相信是这样。

苏：那么，如我们开头说的，我们的孩子必须参加符合法律精神的正当游戏。因为，如果游戏是不符合法律的游戏，孩子们也会成为违反法律的孩子，他们就不可能成为品行端正的守法公民了。

阿：肯定如此。

苏：因此，如果孩子们从一开始做游戏起就能借助于音乐养成遵守法律的精神，而这种守法精神又反过来反对不法的娱乐，那么这种守法精神就会处处支配着孩子们的行为，使他们健康成长。一旦国家发生什么变革，他们就会起而恢复固有的秩序。

阿：确实是的。

3. 苏：孩子们在这样的教育中长大成人，他们就能自己去重新发现那些已被前辈全都废弃了的看起来微不足道的规矩。

阿：哪种规矩？

苏：例如下述这些：年轻人看到年长者来到应该肃静；要起立让座以示敬意；对父母要尽孝道；还要注意发式、袍服、鞋履，总之体态举止，以及其他诸如此类，都要注意。你或许有不同看法吧？

阿：我和你看法相同。

苏：但是，把这些规矩订成法律我认为是愚蠢的。因为，仅仅订成条款写在纸上，这种法律是得不到遵守的，也是不会持久的。

阿：那么，它们怎么才能得到遵守呢？

苏：阿得曼托斯啊，一个人从小所受的教育把他往哪里引导，却能决定他后来往哪里走。"同声相应，同气相求"——事情不总是这样吗?

阿：的确是的。

苏：直到达到一个重大的结果，这个结果也许是好的，也许是不好的。

阿：当然啰。

……

【导读】

教育，比如音乐教育，其真正的教育目标不只是教育自身，而应是基于城邦需要的城邦护卫者的培养，是对城邦护卫者所应具备的品德的塑造。

第七卷[1]

【文本简析】

第1节，"洞喻"的背景；第2节，"洞喻"的过程描述；第3节，"洞喻"的结论——渴望真知、自由决绝愚昧、束缚；第4节，"洞喻"者境遇悖论；第5节，"灵魂转向"一如"洞喻"；第6节，教育之于"灵魂转向"；第7节，教育就要使得灵魂趋向于善。

【原文节选】

1.苏：接下来让我们把受过教育的人与没受过教育的人的本质比作下述情形。让我们想象一个洞穴式的地下室，它有一长长通道通向外面，可让和洞穴一样宽的一路亮光照进来。有一些人从小就住在这洞穴里，头颈和腿脚都绑着，不能走动也不能转头，只能向前看着洞穴后壁。让我们再想象在他们背后远处高些的地方有东西燃烧着发出火光，在火光和这些被囚禁者之间，在洞外上面有一条路。沿着路边已筑有一带矮墙，矮墙的作用像傀儡戏演员在自己和观众之间设的一道屏障，他们把木偶举到屏障上头去表演。

格：我看见了。

2.苏：接下来让我们想象有一些人拿着各种器物举过墙头，从墙后面走过，有的还举着用木料、石料或其他材料制作的假人和假兽。而这些过路人，你

[1][古希腊]柏拉图著，郭斌和、张竹明译.理想国[M].北京：商务印书馆，1986.272—280.

可以料到有的在说话，有的不在说话。

格：你说的是一个奇特的比喻和一些奇特的囚徒。

苏：不，他们是一些和我们一样的人。你且说说看，你认为这些囚徒除了火光投射到他们对面洞壁上的阴影而外，他们还能看到自己的或同伴们的什么呢？

格：如果他们一辈子头颈被限制了不能转动，他们又怎样能看到别的什么呢？

苏：那么，后面路上人举着过去的东西，除了它们的阴影而外，囚徒们能看到它们别的什么吗？

格：当然不能。

苏：那么，如果囚徒们能彼此交谈，你不认为，他们会断定，他们在讲自己所看到的阴影时是在讲真物本身吗？

格：必定如此。

苏：又，如果一个过路人发出声音，引起囚徒对面洞壁的回声，你不认为，囚徒们会断定，这是他们对面洞壁上移动的阴影发出的吗？

格：他们一定会这样断定的。

苏：因此无疑，这种人不会想到，上述事物除阴影而外还有什么别的实在。

格：无疑的。

3.苏：那么，请设想一下，如果他们被解除禁锢，矫正迷误，你认为这时他们会怎样呢？如果真的发生如下的事情：其中有一人被解除了桎梏，被迫突然站了起来，转头环视，走动，抬头看望火光，你认为这时他会怎样呢？他在做这些动作时会感觉痛苦的，并且，由于眼花缭乱，他无法看见那些他原来只看见其阴影的实物。如果有人告诉他，说他过去惯常看到的全然是虚假，如今他由于被扭向了比较真实的器物，比较地接近了实在，所见比较真实了，你认为他听了这话会说些什么呢？如果再有人把墙头上过去的每一器物指给他看，并且逼他说出那是些什么，你不认为，这时他会不知说什么是好，并且认为他过去所看到的阴影比现在所看到的实物更真实吗？

格：更真实得多呀！

苏：如果他被迫看火光本身，他的眼睛会感到痛苦，他会转身走开，仍旧逃向那些他能够看清而且确实认为比人家所指示的实物还更清楚更实在的影像的。不是吗？

格：会这样的。

苏：再说，如果有人硬拉他走上一条陡峭崎岖的坡道，直到把他拉出洞穴见到了外面的阳光，不让他中途退回去，他会觉得这样被强迫着走很痛苦，并且感到恼火。当他来到阳光下时，他会觉得眼前金星乱蹦金蛇乱串，以致无法看见任何一个现在被称为真实的事物的。你不认为会这样吗？

格：噢，的确不是一下子就能看得见的。

苏：因此我认为，要他能在洞穴外面的高处看得见东西，大概需要有一个逐渐习惯的过程。首先大概看阴影是最容易，其次要数看人和其他东西在水中的倒影容易，再次是看东西本身，经过这些之后他大概会觉得在夜里观察天象和天空本身，看月光和星光，比白天看太阳和太阳光容易。

格：当然啰。

苏：这样一来，我认为，他大概终于就能直接观看太阳本身，看见他的真相了，就可以不必通过水中的倒影或影像，或任何其他媒介中显示出的影像看它了，就可以在它本来的地方就其本身看见其本相了。

格：这是一定的。

苏：接着他大概对此已经可以得出结论了：造成四季交替和年岁周期，主宰可见世界一切事物的正是这个太阳，它也就是他们过去通过某种曲折看见的所有那些事物的原因。

格：显然，他大概会接着得出这样的结论。

苏：如果他回想自己当初的穴居、那个时候的智力水平，以及禁锢中的伙伴们，你不认为，他会庆幸自己的这一变迁而替伙伴们遗憾吗？

格：确实会的。

苏：如果囚徒们之间曾有过某种选举，也有人在其中赢得过尊荣，而那些敏于辨别而且最能记住过往影像的惯常次序，因而最能预言后面还有什么影像会跟上来的人还得到过奖励，你认为这个既已解放了的人他会再热衷于这种奖赏吗？对那些受到囚徒们尊重并成了他们领袖的人，他会心怀嫉妒，和他们争夺那里的权力地位吗？或者，还是会像荷马所说的那样，他宁愿活在人世上做一个穷人的奴隶，受苦受难，也不愿和囚徒们有共同意见，再过他们那种生活呢？

格：我想，他会宁愿忍受任何苦楚，也不愿再过囚徒生活的。

4.苏：如果他又回到地穴中坐在他原来的位置上，你认为会怎么样呢？他由于突然地离开阳光走进地穴，他的眼睛不会因黑暗而变得什么也看不见吗？

格：一定是这样的。

苏：这时他的视力还很模糊，还没来得及习惯于黑暗——再习惯于黑暗所需的时间也不会是很短的。如果有人趁这时就要他和那些始终禁锢在地穴中的人们较量一下"评价影像"，他不会遭到笑话吗？人家不会说他到上面去走了一趟，回来眼睛就坏了，不会说甚至连起一个往上去的念头都是不值得的吗？要是把那个打算释放他们并把他们带到上面去的人逮住杀掉是可以的话，他们不会杀掉他吗？

格：他们一定会的。

苏：亲爱的格劳孔，现在我们必须把这个比喻整个儿地应用到前面讲过的事情上去，把地穴囚室比喻可见世界，把火光比喻太阳的能力。如果你把从地穴到上面世界并在上面看见东西的上升过程和灵魂上升到可知世界的上升过程联想起来，你就领会对了我的这一解释了，既然你急于要听我的解释。至于这一解释本身是不是对，这是只有神知道的。但是无论如何，我觉得，在可知世界中最后看见的，而且是要花很大的努力才能最后看见的东西乃是善的理念。我们一旦看见了它，就必定能得出下述结论：它的确就是一切事物中一切正确者和美者的原因，就是可见世界中创造光和光源者，在可理知世界中它本身就是真理和理性的决定性源泉；任何人凡能在私人生活或公共生活中行事合乎理性的，必定是看见了善的理念的。

格：就我所能了解的而言，我都同意。

苏：那么来吧，你也来同意我下述的看法吧，而且在看到下述情形时别感到奇怪吧：那些已达到这一高度的人不愿意做那些琐碎俗事，他们的心灵永远渴望逗留在高处的真实之境。如果我们的比喻是合适的话，这种情形应该是不奇怪的。

格：是不足为怪的。

苏：再说，如果有人从神圣的观察再回到人事，他在还看不见东西还没有变得足够地习惯于黑暗环境时，就被迫在法庭上或其他什么地方同人家争讼关于正义的影子或产生影子的偶像，辩论从未见过正义本身的人头脑里关于正义的观念。如果他在这样做时显得样子很难看，举止极可笑，你认为值得奇怪吗？

格：一点也不值得奇怪。

苏：但是，凡有头脑的人都会记得，眼睛有性质不同的两种迷茫，它们是由两种相应的原因引起的：一是由亮处到了暗处，另一是由暗处到了亮处。凡有头脑的人也都会相信，灵魂也能出现同样的情况。他在看到某个灵魂发生迷茫不能看清事物时，不会不假思索就予以嘲笑的，他会考察一下，灵魂的视觉是因为离开了较光明的生活被不习惯的黑暗迷误了的呢？还是由于离开了无知的黑暗进入了比较光明的世界，较大的亮光使它失去了视觉的呢？于是他会认为一种经验与生活道路是幸福的，另一种经验与生活道路是可怜的。如果他想笑一笑的话，那么从下面到上面去的那一种是不及从上面的亮处到下面来的这一种可笑的。

格：你说得非常有道理。

5.苏：如果这是正确的，那么关于这些事，我们就必须有如下的看法：教育实际上并不像某些人在自己的职业中所宣称的那样。他们宣称，他们能把灵魂里原来没有的知识灌输到灵魂里去，好像他们能把视力放进瞎子的眼睛里去似的。

格：他们确曾有过这种说法。

苏：但是我们现在的论证说明，知识是每个人灵魂里都有的一种能力，而每个人用以学习的器官就像眼睛——整个身体不改变方向，眼睛是无法离开黑暗转向光明的。同样，作为整体的灵魂必须转离变化世界，直至它的"眼睛"得以正面观看实在，观看所有实在中最明亮者，即我们所说的善者。是这样吧？

格：是的。

苏：于是这方面或许有一种灵魂转向的技巧，即一种使灵魂尽可能容易、尽可能有效地转向的技巧。它不是要在灵魂中创造视力，而是肯定灵魂本身有视力，但认为它不能正确地把握方向，或不是在看该看的方向，因而想方设法努力促使它转向。

格：很可能有这种技巧。

6.苏：因此，灵魂的其他所谓美德似乎近于身体的优点，身体的优点确实不是身体里本来就有的，是后天的教育和实践培养起来的。但是心灵的优点似乎确实有比较神圣的性质，是一种永远不会丧失能力的东西，因所取的方向不同，它可以变得有用而有益，也可以变得无用而有害。有一种通常被说成是机灵的坏人，你有没有注意过，他们的目光是多么敏锐，他们的灵魂是小的，但是在那些受到他们注意的事情上，他们的视力是够尖锐的。他们的"小"不在于视力贫弱，而在于视力被迫服务于恶，结果是，他们的视力愈敏锐，恶事也就做得愈多。

格：这是真的。

苏：但是，假设这种灵魂的这一部分从小就已得到锤炼，已经因此如同释去了重负——这种重负是这个变化世界里所本有的，是拖住人们灵魂的视力使它只能看见下面事物的那些感官的纵欲如贪食之类所紧缠在人们身上的。——假设重负已释，这同一些人的灵魂的同一部分被扭向了真理，它们看真理就会有同样敏锐的视力，像现在看它们面向的事物时那样。

格：很可能的。

苏：那么，没受过教育不知道真理的人和被允许终身完全从事知识研究的人，都是不能胜任治理国家的。这个结论不也是很对的，而且还是上述理论的必然结论吗？因为没受过教育的人不能把自己的全部公私活动都集中于一个生活目标；而知识分子又不能自愿地做任何实际的事情，而是在自己还活着的时候就想象自己已离开这个世界进入乐园了。

格：对。

7.苏：因此，我们作为这个国家的建立者的职责，就是要迫使最好的灵魂达到我们前面说是最高的知识，看见善，并上升到那个高度；而当他们已到达这个高度并且看够了时，我们不让他们像现在容许他们做的那样。

格：什么意思？

苏：逗留在上面不愿再下到囚徒中去，和他们同劳苦共荣誉，不论大小。

格：你这是说我们要委曲他们，让他们过较低级的生活了，在他们能过较高级生活的时候？

苏：朋友，你又忘了，我们的立法不是为城邦任何一个阶级的特殊幸福，而是为了造成全国作为一个整体的幸福。它运用说服或强制，使全体公民彼此协调和谐，使他们把各自能向集体提供的利益让大家分享。而它在城邦里造就这样的人，其目的就在于让他们不致各行其是，把他们团结成为一个不可分的城邦公民集体。

格：我忘了。你得话很对。

苏：那么，格劳孔，你得看到，我们对我们之中出现的哲学家也不会是不公正的；我们强迫他们关心和护卫其他公民的主张也是公正的。我们将告诉他们："哲学家生在别的国家中有理由拒不参加辛苦的政治工作，因为他们完全是自发产生的，不是政府有意识地培养造就的；一切自力更生不是被培养而产生的人才不欠任何人的情，因而没有热切要报答培育之恩的心情，那是正当的。但是我们已经培养了你们——既为你们自己也为城邦的其他公民——做蜂房中的蜂王和领袖；你们受到了比别人更好更完全的教育，有更大的能力参加两种生活。因此你们每个人在轮值时必须下去和其他人同住，习惯于观看模糊影像。须知，一经习惯，你就会比他们看得清楚不知多少倍的，就能辨别各种不同的影子，并且知道影子所反映的东西，因为你已经看见过美者、正义者和善者的真实。因此我们的国家将被我们和你们清醒地管理着，而不是像如今的大多数国家那样被昏昏然地管理着，被那些为影子而互相殴斗，为权力——被当作最大的善者——而相互争吵的人统治着。事实是：在凡是被定为统治者的人最不热心权力的城邦里，必定有最善最稳定的管理；凡有与此相反的统治者的城邦里，其管理必定是最恶的。

格：一定的。

……

【导读】

教育就是使得城邦的护卫者在认识的道路上去除"遮蔽"直指灵魂，领悟并坚持人性中的"至善"，成就城邦的理想。

（六）名著《法律篇》文本简析、原文节选、导读

据西方研究柏拉图的专家考证，《法律篇》是柏拉图的晚期作品。柏拉图在 74 岁高龄时才着手写《法律篇》第一卷。柏拉图在去世时并没有留下一部完整的稿子，至多只是有一个初稿。

《法律篇》是柏拉图生前写下的最后一部著作，也是柏拉图所有对话中最长的一篇对话。篇中的主要对话人是来自雅典的不知名的客人，对话中的主要思想都是由他提出来的，实际上他是代表柏拉图自己，是柏拉图思想的代言人；另一位谈话人是来自克里特的克利尼亚，他受委派将去建立克里特城邦；还有一位谈话人就是来自斯巴达的梅奇卢斯。

现在人们看到的《法律篇》是柏拉图死后由他的学生奥巴斯的腓力浦整理后出版。腓力浦在整理时加进了自己的东西，但限于水平，整理后的稿子缺少了柏拉图的幽默，并且有些句子逻辑不够严密。

《法律篇》共12卷，但有些作家把《伊壁诺米》也划了进去，变成了13卷，但一般都认为是12卷。

《法律篇》大致全面地反映了古希腊，特别是雅典的城邦的建立、地理位置、政府体制、选举制度等情况。对话内容涉及法律、宗教、教育、历史、哲学、艺术、伦理、外交、贸易、家庭、婚姻、技艺、公民生活等。前三卷主要讨论立法的宗旨和立法者必须具有的素养和条件，第四卷到第十二卷分别论述各种法律和法律制度。

《法律篇》[1]（节选）：

第一卷[2]

【文本解析】

第1节，教育的一般涵义；第2节，教育的本质涵义。

【原文节选】

……

1. 客：既然如此，在你的一边，显然你是准备听了；至于我呢，我打算并愿意讲下去，而且尽我所能做好这件事。我一定做出努力。为要有助于辩论，我们第一步必须给教育下个定义，说说教育是什么，它有什么力量，因为我们

---

[1][古希腊]柏拉图著，张智仁，何勤华译.法律篇[M].上海：上海人民出版社，2001.在节选的文本简析中的分节均为作者根据需要自行划分，未受原译作限制.

[2][古希腊]柏拉图著，张智仁，何勤华译.法律篇[M].上海：上海人民出版社，2001.26—27.

已经投身于一场旨在把我们引到酒神那里去的讨论。我们都同意，教育可以说是我们的必经之路。

克：如果你喜欢，我们当然这样做。

客：我打算说明人们怎样来描述教育，看看你们是不是同意。

克：那就请你解释吧。

客：事情是这样的：我认为，一个人想要精通一个特殊的职业，那他就要从儿童时代起进行训练：无论在工作和游戏时，他的周围都得是特殊的"谋生工具"。例如，谁想做一个好农夫，他就必须做耕耘的游戏，一个想做一个好的建筑师的人，必须把他的游戏时间花在搭玩具房屋上，在每种场合，教师必须提供模仿真实事物的微型玩具。特别是在这一开始阶段，他们必须学习主要的、基本的技能。例如，木匠必须在游戏时学会怎样使用尺子和铅垂线，士兵必须学会骑马（或者在游戏中真的骑马或者做某些类似的活动）。我们应该尝试利用孩子们的游戏去激发他们的兴趣和对活动的期望，而这些活动是他们长大成人时不得不去从事的。总之，我们说，培养和教育一个孩子的正确方法是利用他的游戏时间，使他的心中充满了对一种职业的最大可能的喜爱，而这种职业当他长大时是一定得精通的。现在，正像我所提出的，考虑到到目前为止的辩论，你赞成我的说法吗？

克：当然。

2. 客：但不要让我们对教育的描述流于空谈。当我们褒贬对个别人的教养，说我们中的一个人受过教育，而别人没有受过教育，我们有时使用没有受过教育这个词语，实际上这些人却受过完全的教育，只不过这种教育指的是做小买卖或做商船生意，或某种类似的情况。但我在现在的讨论中提到它们，并不是打算把这类事情看作"教育"。我心中的教育是从童年起所接受的一种美德教育，这种训练使人们产生一种强烈的、对成为一个完善的公民的渴望，这个完善的公民懂得怎样依照正义的要求去进行统治和被统治。我认为，我们要把这类训练和别的训练区别开来，为它单独保留"教育"这个名称。一种旨在获得金钱或强壮的体格，或者甚至某种不受理智和正义的引导的知识才能的训练，我们该称作是粗鲁的和无教养的。我们说，不是什么都可宣称是教育。此外，我们不要对一个名词吹毛求疵，让我们把握住我们刚才同意的主张：一般地说，受过正确教育的人乃是好人。无论在世界上的什么地方，都不可藐视教育。因为当它与伟大的美德结合起来时,乃是一宗价值无法估量的财产。如果教育腐败了,它是可以正确地重建的,每个人在他整个一生中必须尽其所能去支持教育。

克:的确。我们同意你的描述。

……

【导读】

教育从儿童时期开始,在游戏中进行,激发儿童的兴趣与期望,是教育孩子的正确方法,而教育的目标则是使其成为好人,成为"完善的公民"!

第二卷[1]

【文本解析】

第1节,教育是一件有关正确地受过训练的快乐和痛苦的感觉的事情;第2节,"教育"的具体呈现——合唱;第3节,"把握住唱歌和跳舞中的'好东西'"就是"好教育";第4节,好的合唱符合于天性或后天的习惯,或兼而有之;第5节,"采用那种表现天然的正确性和建立在方法的牢固基础上的音乐是行得通的",例如,埃及;第6节,快乐是艺术中一个合适的标准;第7节,教育的本质;第8节,"快乐"、"好"就是"正直"、"正义";第9节,立法者的教育选择;第10节,"三个合唱队";第11节,"第三合唱队"正确合唱的方法保证;第12节,具有某种内在吸引力的本质事物的重要之点;第13节,音乐的挑战;第14节,关于饮酒。

【原文节选】

1. 客:显然,下一个我们必须问的问题是这样的:设法洞察人的自然本性,是我们支持酒会的唯一理由吗? 或者一场举办得得体的酒会也会提供其他某种实质性的利益,而这种利益是我们应当非常认真地来考虑的吗? 我们为什么这么说呢? 我们在这里必须小心翼翼:就我们所能看到的,我们的论点倾向于回答"是",但当我们试图发现怎么样和在什么意义上(获得这些利益)时,

---

[1][古希腊]柏拉图著,张智任、何勤华译.法律篇[M].上海:上海人民出版社,2001.37—68.

我们可能犯错误。

克：那么，告诉我们为什么。

客：我想回到我们对正确的教育所下的定义上来，并且猜测，酒会真正是教育的防护装置，条件是，酒会举办得得体，并且循着正确的路线进行。

克：这是一个非常大的要求！

客：我认为，一个儿童最早的感觉是快乐和痛苦，这是美德和邪恶首次进入灵魂的路径（但对一个人来说，取得良好的判断和不动摇的正确见解，即使是在一生中的迟暮岁月，仍是一件幸运事儿。谁具有这两种才能及其所蕴含的全部利益，这个人就是完善的）。我管"教育"叫儿童对美德的最初获得，虽然当时他还不知道道理是什么，却能让快乐和爱慕、痛苦和憎恨的感觉，通过正确的途径汇集在他的心中。后来当他了解时，他的理智和情感都会告诉他，他已经受到良好习惯反反复复的严格训练。美德是理智和情感的普遍协调。但有一个要素你在做任何考虑时都要把它独立出来，这就是我们的快乐和痛苦的感觉的正确构成，它使我们痛恨那些我们始终应该痛恨的东西，热爱我们应该热爱的东西。这就叫作"教育"。总而言之，我认为，你们得给它一个恰如其分的名称。

克：是的，先生，我们完全赞成你刚才说的关于教育的话，还有你先前所说的话。

客：好极了。所以，教育是一件有关正确地受过训练的快乐和痛苦的感觉的事情。但在一个人的生命过程中，这种影响是逐步减弱的，并且在许多方面完全消失了。其实，众神可怜的是生来受苦的人类，并使人类用庆祝宗教节日的形式得到放松，把宗教节日作为从劳动中得到休息的日子。众神给了我们缪斯，他们的领袖阿波罗，以及狄俄尼索斯；人们由于因这些神分享了他们的节日，重又复原如初。感谢众神，我们在欢庆这些节日中精神得到了恢复。现在，总是有一种理论在我们的耳边唠叨不休。

2. 让我们看一看，它是不是与事实相符。这种理论是：一切细微的东西都不可能保持身心的宁静，它们总要到处活动，大喊大叫。有的乱蹦乱跳，跳一种欢快的集体舞；另一些则发出了各种各样的喊叫声。动物在活动时没有秩序和混乱的意识（即我们所说的"旋律"与"和声"），与此相反，我们人类天生对两者都很敏感并能欣赏它们。这是我们说过的那些神送给我们作为舞蹈的伴奏的礼物。它是这样一种设计，它能够使他们成为我们的合唱队的领队，鼓舞我们去手舞足蹈，使我们融入歌舞之中。由于这一情景自然而然地"迷住"我们，他们就发明了"合唱"这个词语。

因此，我们会认为，这一论点成立得了吗？我们能否设想，教育最初来自阿波罗和缪斯呢？

克：是的。

客：所以，我们说的一个"没有受过教育的"人，是指一个没有受过合唱训练的人；我们必须说，如果一个人已经受过充分的训练，他就是一个"受过教育的"人。

克：自然啰。

客：合唱队的演出是由跳舞与唱歌结合成的一个整体。

克：当然。

客：这就是说，受过良好教育的人，唱歌与跳舞都能来一手？

克：显然如此。

客：现在让我们来看看，这一词语指的是什么。

克：哪个词语？

客：我们说"他唱歌能来一手"或者"他跳舞能来一手"。但我们应该加上说，"条件是他唱很好的歌、跳很好的舞"呢？还是不加呢？

克：我们应该加上。

3.客：那么，举这样一个人为例。这个人对好东西的看法是正确的（好东西的的确确是好的），对坏东西的看法同样也是正确的（坏东西的的确确是坏的），并且遵循着这一判断去行事。他总是成功地用语词和姿势来表达对好东西的看法，尽管他没有从好东西那里得到过快乐，也同样没有对坏东西有过憎恨的感觉。另一个人当他用他的身体和声音表达好东西或设法形成对好东西的看法时，也许没有非常好地把握住正确的路线，但他可能恰如其分地感觉到快乐和痛苦，因为他欢迎好东西，厌恶坏东西。这两个人中，哪一个人将较好地受到音乐的教育，并且成为合唱队中的优秀成员呢？

克：先生，就教育来说，第二个人要优越得无可比拟。

客：所以，如果我们三人把握住唱歌和跳舞中的"好东西"，我们也就有了区分受过教育和没有受过教育的正确的标准。如果我们把握不了，那我们就无法决定，是不是存在着教育的防护设施，或者我们到什么地方去寻找它。不是这样吗？

克：是的，是这样。

客：像猎狗追踪猎物一样，下一个我们必须讨论的题目是，什么东西构成一种"好的"身体运动、曲调、歌曲和舞蹈。但如果所有这些概念都避开我们，溜掉了，那么对希腊人或外国人来说，继续讨论正确的教育就完全没有意义了。

克：的确。

客：好。我们给一个好的曲调或好的身体运动下的定义是什么？告诉我：如果有一个勇敢的灵魂和一个胆小的灵魂受到同一种烦恼所包围，身体会发出类似的声音，做出类似的动作吗？

克：当然不。首先，表情就不一样。

客：朋友，你说得对极了。但音乐是一种旋律和和谐，它包括曲调和身体的动作。这就是说，既然说一种"有旋律的"或一种"和谐的"动作或曲调是恰当的，我们就不能将合唱能手们的隐喻"五颜六色"贴切地使用到两者中的每一种。但什么才是描述勇敢的人和胆小的人的动作和旋律的贴切语言呢？正确的做法是把那些勇敢的人说成是"好的"，而把那些胆小的人说成是"丢脸的"。但我们不要再漫无边际地长期讨论各种细节了，我们可以不必旁敲侧击地说，一切同精神或肉体的优点（不管是其本身还是其表象）相联系的动作和曲调都是好的吗？相反地，如果这些动作和曲调同邪恶有关，那就都是坏的吗？

克：是的，这是一个合理的建议。你可以认为，我们是同意的。

4.客：下面的一个论点是：我们大家是不是以同样的程度喜欢合唱队的每一种表演呢？或者实际情况远不是这样？

克：远不是这样！

客：但我们能指出我们困惑的原因吗？是不是"好"是因人而异的呢？或者只是想法不同，尽管事实不是这样？我认为，没有一个人会说，描绘邪恶的舞蹈比那些描绘美德的舞蹈要好，或者是，尽管其他人喜爱有德性的缪斯，而他自己个人喜爱的则是那些表现堕落的动作。不过大多数人都认为，音乐给予灵魂以快乐的力量，乃是对其下判断的标准。但这是一种叫人无法容忍的说法，这种说法完完全全是亵渎神明。尽管更为可能的是，它是另外某种误导了我们的东西。

克：什么？

客：合唱队的表演都是个性的表象，针对的是每一种行为和事件。一个个演员扮演他们的角色，部分地是靠表现他们自己的性格，部分地是靠模仿别人的性格。这就是为什么，当他们发现合唱队表演中的说或唱或其他任何要素都符合于他们的天性或后天的习惯、或者两者兼而有之时，他们情不自禁地欢呼起来并使用"好"这个词语。但有时候他们发现，这些表演同他们的天性或情感或习惯格格不入，在这种情况下他们不能从中得到快乐，也不会为他们鼓掌，这时他们用的字眼是"震惊"。当一个人先天的个性是好的，但他却接受了坏习惯，或者相反，他的习惯是好的，但他先天的个性却是邪恶的，那么他的快乐和他的赞许是不相符合的，他管这种表演叫"令人愉快的，但却是堕落的"。当这类演员和别的他们所认为的智者在一起时，他们会因这种身体的动作和唱这种歌而感到羞愧，尽管他们真切地赞成这些动作和歌曲。但在他们的内心深处，他们却乐此不疲。

克：你说得非常正确。

5. 客：一个人欣赏坏的身体动作或坏的曲调，对他有什么害处吗？喜爱相反的动作或曲调，对他又有什么好处呢？

克：也许有吧。

客："也许有"？就这些吗？这里肯定有一种明显的类似：一个人同恶人接触而并不憎恨他们，相反地，高兴地接受他们，半真半假地指责他们，因为他们自己就像做梦一样仅处于半清醒状态，情况糟糕到了这种地步：他就是无法摆脱他具有的、他欣赏的性格，无论是善还是恶——尽管他对竟然赞赏这种性格感到羞愧。事实上，对善或恶来说，我们难以找到比这种本性上的必然类似有更大的力量。

克：是的，我们难以找到。

客：所以，在已经制定了或者将要制定有关文化、教育和娱乐的法律的社会中，我们想象一下，会允许作家们自由写作吗？合唱队将由守法公民的小孩子组成，作曲家能用在诗歌的韵律或曲调或语词中找到的使他本人愉快的东西来教育他们，而不操心在善恶方面对他们会有什么影响吗？

克：这当然不切实际，怎么可能呢？

客：然而，在所有的国家，埃及除外，他们是被允许这样做的。

克：埃及！既然这样，你最好告诉我们，那里制定了哪些法规？

客：只要听听就够大吃一惊。显然，很久以前，他们就意识到我们刚才提出的那个原则的实质，就是该国儿童排练的动作和曲调必须是要好的。他们依照体裁编制了一份动作和曲调的单子，并把它陈列在神庙里。画家和其他每一个表现身体动作的人，都得受到这些形式的限制。这一传统框架之外的模仿和创新都遭到禁止。即使在今天，无论在这一领域或一般的艺术领域，都是如此。如果你现场考察他们的艺术，那么你会发现，一万年以前（我不是信口乱说的，我说的确实是一万年），他们的绘画和浮雕同今天的绘画和浮雕比较，既不好，也不坏，因为绘画和浮雕的创作，使用的是同样的艺术规则。

克：不可思议！

客：不，这只不过是立法者和政治家的最高成就而已。尽管如此，你可以找到那里有其他某些事物是该批评的，但在音乐这方面，这一逃避不了的事实值得我们注意：事实已经证明，采用那种表现天然的正确性和建立在立法的牢固基础上的音乐是行得通的。但这是神的创作，或者是境界跟神一样的人的创作，事实上，埃及人确实说过，保存得非常长久的曲调都是伊希斯神的作品。因此，正像我所说的，如果一个人能够得到哪怕是一个初步的音乐"真理"的想法，那么他应该毫不犹豫地用法律形式为整个想法提供完整的表达。的确，渴望快乐和希望避免单调使我们不断追求音乐的创新，上述那种被神化了的合唱表演可能被指责为过时，但这并没有很大地败坏它们的力量。在埃及，无论如何，它不但看起来没有任何破坏的效果，而且是恰恰相反。

克：根据你现在所说的来做出判断，应该是这样的。

6.克：因此，同样不必犹豫，我们当然可以同样如此地描绘节日音乐和合唱队表现的合适条件。当我们认为事情对我们有利时，我们感觉到快乐；换一种说法，当我们觉得快乐的时候，我们就会想到，事情都是美好的。不是这样吗？

克：是的。

客：此外，当我们处在这种状态（我指的是"快乐"）时，我们无法保持平静。

克：这倒是的。

客：我们的年轻人都喜欢亲自参加跳舞和唱歌，但我们老年人都想象观众那样打发时间。我们感觉到的快乐来自于他们的寻欢作乐。我们的敏捷性正在抛弃我们，当我们感觉到这种敏捷性消失时，我们非常喜欢安排年轻人之间的竞争，因为竞争可以最好地激起我们对青少年时代的回忆并重新唤起我们年轻时期的直觉。

克：确实如此。

客：因此，我们最好面对事实，即在当代关于节日制定者的想法中有一点儿真实性。大多数人都说，那个最使我们快乐并给了我们最大欢乐的人，由于他的技巧而应该受到很高的评价，并值得被授予头等奖，因为事实是，在这种情况下，我们被允许得到娱乐。这个事实的意思是，我们应该把那个给了大多数人最大快乐的人看作社会名流，因此就像我刚才所说的。他应该获得奖赏。这在理论上是正确的，不是么？那么在实践中也同样是正确的吗？

克：也许是。

客：哎，我的好朋友，这样一个结论"也许"做得草率了吧！我们必须做出某些区别并最好是这样探讨问题：假定有人安排了一场比赛，比赛的性质是完全公开的，不用详细说明这场比赛是体育比赛、艺术比赛，还是马术比赛。假定他把全国居民全都召集起来，颁布一项奖励：任何希望获奖的人都得来，并且就给予人们快乐方面进行比赛，这是唯一的标准。谁给予观众以最大快乐，谁就获胜，至于他采用什么方法，他有完全的自由，而如果他在这一方面是胜过别人的，他就会被确认是参赛者中最使人得到愉快的而获得奖赏。让我们想想看，这样一种宣布会有什么影响呢？

克：你指的是哪个方面？

客：很可能，我假定，一个参赛者将演出荷马史诗和当代叙事诗，另一个参赛者唱配乐抒情歌，另一个参赛者演悲剧，另一个参赛者演喜剧。如果有人甚至认为，最佳的获胜机会是在傀儡戏上，那也不必吃惊。现在，所有这些参赛者以及成千其他人都参加进来，我们能说，谁真正应该获胜呢？

克：这是个怪问题！在当场听到参赛者各自发表的意见前，谁有把握回答你这个问题呢？

客：既然这样，你要我给你一个同样奇怪的回答吗？

克：自然要的。

客：假定决定权操在最小婴孩的手里。他们决定颁奖给木偶操纵者，不可以吗？

克：当然可以。

客：如果由较大的儿童来决定，那么他们将选择喜剧作者。年轻而有教养的男女，以及我敢说几乎全体观众，将会选择悲剧。

克：是的，我敢说。

客：我们老年人也许最高兴欣赏《伊利亚特》和《奥德赛》或者赫西奥德诗作片段的朗诵者。我们会说，他是最后的获胜者。那么，谁才是恰如其分的获胜者呢？这是下一个问题，不是吗？

克：是的。

客：你和我显然被迫说，恰如其分的获胜者会是我们这辈人选出的人。从今天全世界每个城市的习惯来看，这对我们是最好的。

克：的确。

客：这样，我是在有限的意义上同意普通人的看法了。快乐确实是艺术中的一个合适的标准，但并不是哪个人和任何人能体验过的快乐。缪斯的创作是最好的，它们使有才能和受过相当教育的人快乐，特别是，它们成功地使那些教育和道德水准已高得非其他个人所达得到的个人快乐。这就是为什么我们认为，在这些事情上做出判断需要很高的道德标准：他们不但要有鉴赏力，而且还要有勇气。如果一个法官在做判断时，听取的是观众的意见，受到了乌合之众的大叫大嚷的影响，而他自己又缺乏训练，那么他做出的判断就不会是恰当的。他可没有耸耸肩膀表示不满，而是让胆怯和懒惰使他做出错误的、与他的较好判断力相抵触的判断，所以他欺骗了在工作时所祈禳的众神。真正的做法是，他像一位观众的老师而不是学生来做出判断。他的职责（根据他习惯地执行的古代希腊法）是反对那样一些人，如果他们表现出来的快乐来得不妥当、不合法，举例说，西西里和意大利的现行法，是借助于屈从大多数观众和用举手来决定获胜者，给作者本人带来灾难性的影响，他们的作品是为了迎合观众的低级趣味。结果是，实际上观众教导了他们。观众感觉到的这种快乐性质，同样是具有灾难性的，他们本应该从观赏作品的人物描绘中得到更为高尚的快乐，但事实恰恰相反。对此，他们除了感谢他们自己之外，没人会为此负责。好，既然我们结束了关于这个问题的讨论，那么结论是什么呢？让我们看看是不是这样——

7.克：怎么？

客：我认为，我们的讨论已经在原地兜了三四圈了。再说一遍，教育已被证明是一个吸引的过程，即引导儿童们接受正确的原则的过程。这些原则为法律所阐明，并作为完全正确的东西得到具有高度道德水平和年纪大、经历丰富的人们所赞同。不要让儿童的灵魂变得习惯于感觉那些不为法律所允许的快乐和痛苦，并成为信从这种苦乐观的人。他应该踏着老年人的足迹，在他们寻找苦乐的事物中寻找同样的快乐和痛苦。这就是为什么我们称唱歌对灵魂具有真正的"魅力"。唱歌事实上是产生我们现在所谈的这种和谐的极严肃庄重的方法，但年轻人的灵魂不具备严肃庄重性，所以我们用"娱乐"和"唱歌"作为吸引手段。儿童从内心深处喜欢它们。类似的情况也适用于病人和不太健康的人们，那些负责喂他们吃的人，试图供应营养丰富的食物和饮料，并又提供他们不卫生的食品而使他们厌食，因而病人们习惯欢迎称心的食品而厌恶另一类食品。这正是真正的立法者所要说服（或者说服不了，强迫）具有创造天赋的人用他的生花妙笔去描绘的，即进行正确的创作：恰当地设计舞蹈动作以及配谱作曲，描绘各方面都表现谦逊、勇敢、善良的人。

8.克：先生，天哪，你真的认为，这就是其他城市今天的创作情况吗？我的阅历有限，但据我所知，除了克里特人中间或在斯巴达，并没有你所描述的这种情况。在舞蹈和其他一切艺术方面，新创作一个连一个。引起这种变化的，并不是法律，而是迅速变化着的爱好。这种爱好完全不同于你所说的埃及人的鉴赏力那样地持久和稳定；与之相反，它每分钟都是非常不同的。

客：说得好，克列尼亚斯。但如果我给你的印象是，我说的是今天的情况（刚才你是这样说的），那么我想这是我自己没有把我的想法表达清楚，使你弄糊涂了，并使我被误解。我只是说，我所希望在艺术方面发生的，但也许我的表达使你认为我所指的是事实。尽管指责那些也已得到很大发展的、无可挽回的让人耻辱的习俗是一点也不令人愉快的，但有时候却是必要的。所以，既然你也同意这种习俗，那么你是否认为，这一习俗在克里特和斯巴达人中间要远比在其余希腊人中间流行呢？

克：当然。

客：如果这一习俗在其他希腊人中间也广泛流行，那又怎么样呢？大概我们会说，那是在现在的习俗上的一种改进吧？

克：是的，我认为，如果他们采用了克里特和斯巴达的做法（这种做法也同你刚才的建议一致），那它会是一个很大的改进。

客：那好，听着，让我们弄明白彼此对这一问题的理解。你们国家的全部文化教育的实质的确是这样的：你强迫诗人们说，好人是由于他谦虚、正直而活得幸福，不管他身材魁梧强壮，还是瘦小羸弱，不管他是穷还是富，即使一个人"富得超过迈达斯或萨尼拉斯"，但他不正直，那么他就是个可怜虫，过着悲惨的生活。你的诗人说，"我不会提起这样一个人"，不管他是怎样的对，"我也不注意到他"，即使他的一切行为和财产都够得上人们通常所说的"好"，只要他不正直，即使他的性格是这样，也不管他"曾同敌人交过手"。如果他不正直，我就不要他"直面血腥的屠杀"，也不要他"在速度上超过色雷斯的北风"，也永远不让他得到人们通常说的"好的"任何东西。你知道，人们通常所说的"好的"那些东西，是被叫错了的。通常都说，健康第一，漂亮第二，财富第三。这一排列项是不确定的：敏锐的目光和听觉，对于一切感觉对象的确切感知，做一个独裁者并做你喜欢做的事，当一个人取得了这一切时他就升登七重天，并且不用再费劲而成了不朽之身。也许你和我都认为，所有这些东西对正直和虔诚的人来说都是价值很大的财富，但对不正直的人来说，它们都是灾祸，凡健康以外的每样东西都是如此。要是一个人虽然有了所有这些所谓好东西而获得了不朽的名望，但却没有正直和通常的美德，那么视觉、听觉、感觉，以及仅仅是活着，都是大恶。如果他的生命短暂，那么罪恶也就少些。我认为，你会说服或强迫贵国的作家用文字、韵律及和声来具体地表现我的学说，他们创作作品为的是教育青年。不对吗？现在请看，我的立场是十分清楚的。尽管所谓"邪恶"实际上是对正直者来说是邪恶，但它们对不正直者来说则是善良；而所谓"善良"，对于好人来说是真正的善良，对于坏人来说则是邪恶。让我来问以前同样的问题：你与我的意见一致呢还是不一致？

克：我认为，我们在某些方面是一致的，但当然在其他方面并不一致。

客：我希望以下这些是我难以让人置信的地方。假定一个人享有健康、财富和持久而绝对的权力，并且如果你喜欢，我还给他巨大的力量和勇气，使他免于死亡和其他一切人们所说的"邪恶"。但再假定，他有的只是不正直和蛮横。显然，我认为，他的生活是极端不幸福的。

克：的确，这明显是你没有使人信服的地方。

客：很好。我们现在该怎么说呢？如果一个人是勇敢的、强壮的、漂亮的，并且很有钱，享有终身的自由去做他要做的事情，你不认为，如果他是不正直的和蛮横的，那么可想而知他的一生是可耻的吗？也许无论如何你会允许使用"可耻"这个字眼吗？

克：当然。

客：你会再进一步，说他的生活是"有害的"吧？

克：不，我们不准备承认这一点。

客：下一步是什么呢？说他将生活得"不快乐、无益"吗？

克：我们怎么可能说这些呢？

客："怎么？"我的朋友，显然如果我们在这一点上协调一致，那将是一种奇迹：就眼下而言，你唱的和我唱的根本不是同一个调子。对我来说，这些结论必然是正确的，事实上，我亲爱的克列尼亚斯，要比说克里特是个岛屿更为正确和明显。如果我是个立法者，我一定试图强迫作家和我国的每个居民都采取这一条路线：如果国内有人说，某些人是流氓但他们生活得很快乐，或者说某些东西是有用的、有益的，而其他的东西则是更为正直的，那么我一定给以最严厉的惩罚。我要说服我的公民们去说的那些东西，显然有别于现在克里特人、斯巴达人所说的，不消说还有世界上其他地方的人所说的。

宙斯和阿波罗！我的好伙伴们，正是你们想问这些制定法律的神："最正直的生活也就是给予最大快乐的那种生活吗？或者有两种生活，一种是'最正直的'，另一种是'最快乐的'？"假定他们回答"有两种"。如果我们知道所问的问题是正确的，那么我们也许可以讨论这样一点："我们应该说哪一类人是最受上天保佑的呢？是过着最正直的生活的那些人呢？还是过着最快乐的生活的那些人？"如果他们说是"过着最快乐的生活的那些人"，那么，对他们来说，这是咄咄怪事。

尽管如此，但我不愿意把众神与这种说法联系起来。我宁可认为，这同祖先和立法者有关。所以我们认为，这些问题是向祖先和立法者提出的，他的回答是，过着最快乐的生活的人享受最大的幸福。这就是我接着所说的：

"祖先，你不要我得到尽可能多的上天的保佑吗？但尽管如此，你决不会懒得告诉我，要我的生活尽可能安排得正直。"在接受了这一立场的前提下，我认为，我们的祖先或立法者会显得很奇怪：仿佛他不能不自相矛盾。但如果他宣布，最正直的生活是最受到保佑的，那么我认为，每个听到他说话的人会知道，在这种生活里会找到超越了快乐之上的什么非凡的利益。这种生活里有什么东西值得法律来表扬的呢？从这种生活里得到的一个正直的人的任何利益，真的都是同快乐分不开的吗？请看：我们要不要假定，来自众神和人们的荣誉和赞扬都是很好很好的，但却是不愉快的（臭名昭著的情况下则相反）吗？（"我亲爱的立法者，"我们会说，"当然不"。）或者尽管是很好很好的，但既不害人也不受人之害，那是不愉快的吗？相反的是愉快的，但却是无耻的和卑劣的，是吗？

克：当然不。

客：所以，这一论点并不是把一个榫头楔入"快乐"和"正直"、"正义"和"好"之间，即使它什么也没达到，也会去说服一个人过一种正直和虔诚的生活。这是说，从立法者的观点来看，否定所有这一切的任何说法，都是一种彻头彻尾的无耻并且是他的最坏的敌人（没有人愿意同意去做任何不给他带来快乐而却带来痛苦的事情）。从远处看一种事物，几乎使每个人，特别是儿童，感到头昏目眩；但立法者能为我们改变这一状况，并且拨开笼罩着我们的判断的云雾：不知怎么地，借助于习惯、表扬或论证。他将使我们信服，我们的正义和非正义观念乃是朦胧的图形。从不正直和邪恶的人来看，不正直的东西显得是快乐的，相反，正直的东西则是非常不快乐的。但从正直的人来看，每种东西显得完全相反。

克：看来是这样。

客：我们所说的这些判断中，哪一种可被认为是正确的呢？是坏的灵魂还是好的灵魂的判断呢？

克：当然是好的灵魂的判断。

客：于是同样必然的是，不正直的生活与正义的和神圣的生活比较，不仅是令人厌恶的和无耻的，而且在事实上是不快乐的。

克：我的朋友，关于这一论点，是应当这样看的。

9. 客：但假定现在确认的这一论点并不符合实际情况，而一个哪怕是平庸的立法者，如果有足够的勇气为了年轻人的利益，向他们扯一个谎，他会扯一个比这更有用的谎或一个更有效力的谎，那么，能使每个人自愿和不受压力地在他们所做的每件事情中实行正义吗？

克：先生，说老实话是件好事，它肯定会成功，但要说服人显然不是容易事。

客：是的，但西顿人的优美传说却又如何呢？它几乎是不可相信的，但它极容易说服人们，正像其他类似的传说说服了成千上万的人。

克：哪类传说？

客：播种龙牙，从牙齿里产生出武装的巨人。这一值得注意的例子向立法者指出，年轻人的灵魂是能够被任何事情说服的；只要他去试一试。他（立法者）必须考虑和发现的唯一的事情，是哪一种说服对国家最有好处。在这一方面，他必须想出每一种可能的设计去保证整个社会尽量在歌曲、故事和学说中保存一种绝对和永久的一致。但如果你用任何别的方式来看待此事，敬请批评我的观点。

克：不，我不认为，我们中的哪个人会对此提出质难。

10. 客：接着，我来介绍下一个论点。我认为，我们的合唱队（总共有三个）应当控制儿童们的灵魂，当它们还幼小和稚嫩的时候就开始，并且支持一切我们已经形成的令人钦佩的学说和任何我们能在将来形成的学说。我们必须坚持这些学说的中心点：众神都说，最好的生活事实上一定会带来最大的快乐。如果我们这样做了，我们将说出一个平凡的真理，并且将比提出其他任何学说更有效地说服那些我们必须说服的人。

克：是的，人们不得不同意你所说的。

客：第一，唯一正确和妥帖的是，儿童合唱队（献给缪斯的）首先竭尽全力在全城面前歌唱这些学说。第二，由30岁以下的人组成的合唱队请阿波罗来证明，他们说的一切都是真理，并祈求他允许（以此）去说服年轻人。第三，一定还有30岁和60岁之间的人的歌。剩下来的是60岁以上的老人，当然他们不再胜任唱歌了，但他们将被授意去讲那些出现相同角色的故事。

克：先生，您提到的这三个合唱队指的是什么？我们不十分清楚，对于这三个队您想说什么。

客：直到现在我们所做的讨论的大部分，显然都是针对这些人的啊！

克：我们可没有看到这一点。你能不能尝试着继续说明，好吗？

客：如果我们回想得起的话，我们在讨论的开始曾经说过，所有年轻人的天性都是激烈的、生气勃勃的，他们不会不说不动，他们老是发出不协调的声音，到处跳跳蹦蹦。我们说过，其他动物在每一方面永远发展不起一种秩序意识，只有人具有一种自然的本能做到这一点。动作中的秩序叫作"旋律"，有声的秩序叫作"和声"，这两者的联合叫作"合唱队的演出"。我们说过，众神可怜我们，赐给了我们阿波罗和缪斯作为我们合唱队的伙伴和领队。我们可以回想一下，我们曾经说过，他们赐给我们的第三样礼物是狄俄尼索斯。

克：是的，我当然记得。

客：好，我们已经提起过阿波罗和缪斯的合唱队，剩下的第三个合唱队一定是属于狄俄尼索斯的。

克：什么？你最好说明一下中年以上的人组成的、贡献给狄俄尼索斯的合唱队。乍听之下，这无论如何都是一个神秘和奇怪的念头。30岁以上，甚至50岁到60岁的人，的确打算为纪念狄俄尼索斯而跳舞吗？

客：你说得完全正确，为表明在实际中它是可能的，我认为必须做某种解释。

克：当然。

客：同意我们如今已取得的结论吗？

克：什么结论？

客：就是每个成年人和儿童，自由民和奴隶，男人和女人，事实上，整个国家，从来没有义务阻止彼此重复实施我们已经描述过的那种魅力。不知怎么地，我们必须看到，这种魅力不断地在改变自己的形式；无论如何，它们必须继续变化，以便演出者总是渴望唱歌，从歌中找到永远的快乐。

克：这一点怎么会不同意，这恰恰是我们所需要的安排。

客：这最后一个合唱队是我国最高贵的一个组成部分：由于它的成员的年龄和洞察力，它比任何别的团体更叫人信服。如果它要做到最大的善，那么它应该在哪里唱它的壮丽的歌曲呢？的确，我们并不打算笨到丢下这个没有得到解决的问题。要知道，这个合唱队将完全成为最高贵和最有用的歌曲的完美无缺的掌管者。

11.克：不，如果这正是正在进行的争论的方向，那么我们当然不能丢下这个没有解决的问题。

客：所以，什么才是妥当的做法呢？看看这样行不行？

克：怎么？

客：当一个人老了的时候，他对唱歌就变得担心起来，唱歌带给他较小的快乐。如果他避不开要唱歌，那唱歌只能引起他的烦恼。这种烦恼随着年事渐高的清醒、意识的增长而增长。不是这样吗？

克：的确这样。

客：因此，很自然，在剧院里，站在形形色色的观众面前唱歌，他的烦恼甚至会更剧烈。如果这把年纪的人在同那些为获奖而参赛的合唱队员一样的条件（练嗓子后身体消瘦和忌食）下被迫唱歌，那么他们当然会发现演出是非常不愉快的、令人出丑的，从而丧失每一星星热情的火花。

克：是的，这是不可避免的后果。

客：那么，我们将如何鼓起他们唱歌的热情呢？我们通过的第一项法律是这样的：18 岁以下的少年完全禁止饮酒。我们将教导他们，他们必须以应有的谨慎态度来对待暴力倾向，在他们开始承担一生中的真正工作以前，不要在他们身心中已经有的火上再添把火。我们的第二项法律将允许 30 岁以下的年轻人适度饮酒，但他必须在喝醉之前停顿下来，不要喝得过度。当他到了 30 岁的时候，他就应在公餐时尽情喝酒，祈求众神保佑；特别是，他在老年人游玩和祈祷的时候，应该立刻祈请狄俄尼索斯降临，因为那是狄俄尼索斯给人类消除上了年纪的急躁情绪的礼物。这是狄俄尼索斯赐给我们的、使我们重新年轻起来的礼物。我们忘掉了我们的急躁脾气，我们的铁石心肠变得柔软、温顺，正像把铁投入火中。的确，任何具有这种心肠的人都会准备以更大的热情和较少的烦恼唱他的歌（即是说，"魅力"，我们经常给这种歌的称呼），是吗？我不是说在大批的陌生人中，而是在相当小的朋友圈里。

克：当然。

客：作为一种吸引他们参加我们唱歌的方法，在这方面你不会特别反对吧。

克：一点也不。

客：但是哪一种有关音乐的哲学会激发他们的歌曲呢？显然，它必须是一种适合于演出者的哲学。

克：当然。

客：演出者几乎都是具有神性的人。哪些曲调适合于他们呢？那些曲调由合唱队来创造吗?

克:噢,先生,我们克里特人,至少斯巴达人也一样,除了我们已经学过的、在合唱队里唱惯了的那些歌曲之外,难以应付唱其他任何歌曲。

客:当然够了。恕我直言,你们从来没有得到过最好的歌。你把你的国家组织得像座军营,而不是一个居住在城镇里的人民的社会,你们还让年轻人聚集起来,像草地上的小马群。你们中没有一个人把他自己的那匹小马拚命地从小马群中拉出来;你们决不会把它交给私人饲养,用马梳来梳马鬃和抚摸的办法来调教它。你们花在教育上的心血完全是白费,你们把他培养成仅仅是一个好兵而不是一个干练的国家及其城镇的行政官员。正像我早先说过的,他应该是比提尔泰奥斯战士更好的战士,这显然是因为他不把勇敢看作美德中的主要因素,无论在个人或国家方面,他始终把勇敢放在第四位。

克:先生,我觉得,你们又小看了我们的立法者了。

客:我亲爱的朋友,如果是我失礼,那我完全不是有意这样做的。但如果你不介意,那我们应该让讨论来引着我们走。如果我们知道有一种音乐,它的质量比合唱队和公共剧场的音乐好,那么我们应该把它分给这些年纪较大的人。正像我们说过的,他们受他种音乐所困扰;但最高质量的音乐,正是他们所渴望享受的。

克:是的,的确这样。

12.客:凡是具有某种内在吸引力的本质事物的最重要之点,一定或者是这种本质自身,或者是某种"正确性"或(第三)它的有用性。例如,我认为,吃、喝以及享用一般营养品,通常都有我们可以叫作快乐的这种特殊吸引力的性质伴同着的。至于有用性和"正确性",我们始终说的是我们所供应的食物的"有益健康",对它们来说,最"正确的"东西显然是这一点。

克:的确。

客:吸引力的一个因素——我们感觉到的快乐也与学习的过程相一致。但产生学习的"正确性"、有用性、卓越性和崇高性在于它的精密性。

克:正确。

客:模仿艺术(其作用在于产生相似性)又怎么样呢?当这种艺术被成功地模仿时,可以十分恰当地说,如果有快乐的话,那么,那种由于成功而产生并与成功相伴随的快乐,构成了这种艺术的吸引人的特性。

克：是的。

客：一般说来，我认为，这时的"正确性"甚至不大会取决于所给的快乐，而是更多地取决于对原作的规模和性质的精确再现，是吗？

克：说得好。

客：所以，快乐只是在一种情况下是适当的标准。一件艺术品可以不提供某种用处，或真实性，或逼真地重现，当然也不产生伤害，但它却可以单独产生通常伴随着其他要素的要素：吸引力（其实，当这种要素不同其他要素结合时，它才最该得到"快乐"这个名字）。

克：你指的仅仅是无害的快乐？

客：是的，它显然就是我叫作"游戏"的东西。它不产生特别善或特别恶的值得严肃讨论的作用。

克：非常正确。

客：我们可以从这一切得出这样的结论：对于模仿根本不应该用参考有关它的不正确意见或它所给予的快乐的标准来判断。在再现原物相等的情况下尤其是这样。相等就是相等，比例就是比例，这既不取决于任何人的任何意见，也不因有人对事实不满它就不再是事实。精确性，而不是其他什么，才是唯一可以被接受的标准。

克：是的，说得太对了。

客：所以，我们认为，一切音乐都是再现和模仿的问题，是吗？

克：当然。

客：所以，当有人说，音乐应用快乐的标准来判断时，我们应该立即反驳他的论点，并且绝对拒绝把这种音乐（如果曾经有过的话）看作一种严肃的体裁。我们应该扶植的音乐是类似于它的模型即美的那种。

克：非常对。

客：所以，渴望能唱尽可能好的歌的那些人，并不是寻找甜蜜的音乐，而是寻找正确的音乐；正像我们说过的，正确性在于模仿和成功地表现原型的比例和特征。

克：的确如此。

客：在音乐方面当然是这样。每个人都能承认，一切音乐创作都是模仿和再现。事实上，作家、观众和演员都会一致同意这一点，是吗？

克：当然。

客：那么，显然，一个人为了在处理一件作品时不犯错误，他必须鉴别出它是什么，因为不了解它的性质——它试图做什么，事实上它再现了什么——将意味着，他实际上完全不知道作者是否已经正确地达到了他的目的。

克：是的，他不会不知道。

客：如果他吃不准作品的正确性，那么必然地，他不能判断出它在道德上的善恶，是吗？但这是非常模糊的说法。也许还有一种较为清楚的提法。

克：什么呢？

客：自然，令人注目的再现对象有成千上万啰？

克：是的。

客：现在，设想某人并不知道每一种被模仿和再现的对象的性质，他总能判断出已完成的部分的正确性吗？这是我所想说的一点：它是不是保持了物体的所有各种比例和它的每个不同部分的位置？他有没有精确地描绘出其比例并保持各部分相互间的确切位置？各部分的颜色和轮廓怎么样？所有这些特性是否被杂乱无章地重塑了？你认为，如果一个人不知道被再现的创造物的性质，他能确定这些特征吗？

克：当然不。

客：如果我们知道，被塑造或被描绘的事物是一个人，并且这个人的所有部分，包括各部分的颜色和轮廓，已被艺术家的技艺所把握住，那会怎么样呢？假定一个人知道了这一切，他就不必再准备去判断这一作品是美的，还是在某一方面不够美吗？

克：先生，在这种场合，差不多我们大家都可以成为再现作品的质量的评判者了。

客：一针见血。所以任何人想成为一种艺术再现（绘画、音乐和其他每个领域）的明智的评判者，应该能确定三点：第一，他必须知道，被再现的是什么；第二，它是如何正确地被复制的；第三，种种艺术品所运用的语言、曲调和旋律是否再现了其原型的道德价值。

克：显然如此。

13. 客：我们应该提到音乐方面的特殊困难。对音乐的讨论，要比对其他种类艺术作品的讨论花多得多的时间，比处理其他作品投入多得多的关注。

在这方面犯了错误的人将受到许多伤害，因为他感受到邪恶的倾向诱惑；他的错误是十分难以发现的，因为作者的创造才能同真正的缪斯有天壤之别。缪斯决不会犯可怕的错误，即他作曲时不会把男子的语言用于适合于女人的音乐语言，或把适用于奴隶或像奴隶那样的人的旋律应用到常用来表现自由民的曲调和身体动作中（或在创作适合于自由民的旋律和动作时，竟同时配以与这些旋律相冲突的词和曲的组合），他们从不把野兽、人、乐器发出的声音和其他各种闹声混在一起融进一个作品里，并依旧宣称表现着一个统一的主旋律。但凡人作者们却笨拙地把所有这些声音乱七八糟地配合起来，用俄耳甫斯的话来说，任何"在生命力旺盛时能找到快乐的"人，将发现那些拼凑之作是滑稽可笑的丰富源泉。在所有这些迷乱中间，他将发现，作者们由于在旋律中放进了无伴奏的词语，而使旋律和动作同曲调分离，并且由于他们单独地在没有歌手的情况下使用弦乐器和管乐器而剥夺了曲调及歌词的韵律。当情况是这样时，要了解没有语言的韵律与和声表示什么，及它们模仿和再现的是什么有价值的东西就格外地困难了。这样一个结局是不可避免的：这种做法迎合了乡村里的白痴的胃口。这种贪图速度和技巧（如像在复制野兽的吼叫声时）的做法，使管乐器和七弦竖琴的使用，同在用于为跳舞和唱歌伴奏时大不相同。单独地使用一种乐器事实上是纯粹的安排演出，而与艺术无关。

有这样的理论就足够了：我们所看重的不是 30 岁以上到 50 岁的我国公民应该弃绝的那种音乐，而是他们应该支持的音乐。我认为，到现在为止的我们的辩论，显然表明一个结论：50 岁以上有义务唱歌的人，应该接受一种比合唱队音乐标准更高的教育。当然，他们必须很会欣赏旋律与和声并能理解它们。否则，一个人怎么确定曲调的正确性、辨别出多利亚人调式在一定情况下是否合适？或者判断，作者所用的曲调是不是配上了正确的旋律？

克：显然他不能。

客：相信公众在和声和旋律方面能形成一种恰当的对优缺点的判断是可笑的，他们只不过是跟着喇叭声练习唱歌和踏步前进，他们决没有想到，他们所做的一切，却压根对这一切毫不理解。实际上，每一种带着正确元素的曲调都是正确的，但要是它带着错误的元素，那么它就是错误的。

克：不免如此。

客：一个人如果连元素是什么也不懂得，那又如何呢？正像我们说过的，他能确定作品的哪个方面是正确的吗？

克：不，他怎么能呢？

客：那很显然，我们再一次发现，对我们这些歌手（他们不仅是被鼓起勇气去唱歌，而且被迫怀着一种自愿的情绪去这样做，如果我可以这样说的话）来说，他们所受的教育至少达到这样一点在事实上是必要的，即他们每个人应该都能够熟悉曲调和旋律的基本单元，如此他们才能从和声与旋律中挑选出适合他们那个年龄和性格的人唱的歌曲。如果他们这样唱歌了，他们会给予自己无害的快乐，与此同时，促使年轻一代以应有的热情接受有道德的习俗。要是教育这些歌手达到了这一水平，那么他们将追求一种比已经给予一般人，甚至比作者本人更进一步的训练课程。作者或多或少要具备和声和旋律的知识，但他未必能够评价第三点：模仿是一种善的东西还是不善的东西。然而我们现在谈及的人们必须在所有三个领域都同样能胜任，以便他们能够选择第一等善和第二等善的音乐，否则他们就无法证明自己引导年轻人走向美德的魅力。

客：我们的辩论已经达到了最高水准：我们必须考虑，即辩论的最初目的在于：显示我们为狄俄尼索斯合唱队所做的辩护是合理的这一点是否已经取得成功了。当然，像这样一种聚集，吵闹声不可避免会越来越大，就像酒流得越来越多那样（事实上，我们对这一问题的讨论的最初设想是，这样一种趋势是避免不了的）。

克：是的，这是避免不了的。

客：在那迷狂的时刻，每个人都无法控制自己。他不愿去听同伴们的话，而他一谈起话来就无所遮拦，他自认为有能力使他们的生活过得像他自己一样好。

克：他肯定会这样（自以为是）。

客：我们说过，当这种情况发生时，饮酒者的灵魂就像火里的铁，热了起来，变得越来越年轻、温柔，以至任何有天赋和技能塑造与教育他们的人，发现他们是很容易掌握的，正像他们年轻时那样，不是吗？去做塑造工作的人跟以前说的是同一个人，就是那个善的立法者。当我们的饮酒者变得开心、自信，或过于不怕羞耻，或不愿说话，或不愿保持安静，或不愿喝酒唱歌，那么立法者的工作就是要在适当的时候制定饮酒的法律，使这个人乐意改正他的行为方式。当不光彩的过分自信一露头时，饮酒的法律就要在正义的庇护下同它做斗争。对这项法律的这种神圣而显著的恐惧，我们曾管它叫"谦逊"和"羞耻"。

克：完全正确。

客：头脑冷静和清醒的人应该护卫这些法律，与这些法律合作，办法是控制那些头脑不清醒的人；与敌人做斗争没有头脑冷静的领导人，比同饮酒做斗争没有这种法律的帮助，实际上更少危险。如果一个人不能心甘情愿地服从这些领导人和狄俄尼索斯的官员（他们的年龄都在 60 岁以上），那么他所招致的耻辱一定等于或甚至超过一个不服从战神的官员们所招致的耻辱。

克：显然是的。

客：好，如果他们饮酒并寻欢作乐，那么参加了此种活动的欢宴者都一定得益了吗？他们彼此会比以前更加和睦相处，而不是像今天这样，彼此憎恨。这是因为他们有着管理他们全部交往关系的规则，并且执行清醒者给喝醉者的每一项指示。

克：这是很明显的，如果酒会举办得的确像你所描述的那样。

客：所以，我们不要再以陈旧的不合格的用语责难狄俄尼索斯的礼物，说它是坏的，不值得为国家所接受。的确，一个人可以甚至更多地扩大这方面的利益。但在公众面前，我会谨慎小心地提到这件礼物所给予的主要利益（或恩惠 benefit），因为人们误解或曲解了这种解释。

克：是什么呢？

客：有一个鲜为人知的故事和传说，说的是狄俄尼索斯被他的继母赫拉抢去了他的才智，他为了报复，刺激我们发酒疯并使大家因此都疯狂地跳起舞来。这显然就是他使我们得到酒这种礼物的理由。不管怎样，我把这类故事留给那些认为用这种语词来谈众神而没有危险的人。但我十分肯定这样一点：没有哪种动物在成熟之前就能使用理智。它不是一生下来就有这种能力，更不是天生地使之得到充分发展的。当它还没有达到特定的智力水平时，它是完完全全疯狂的，它控制不住地大喊大叫，当它一旦能站立起来时，它就恣意地到处乱蹦乱跳。我们回忆一下：我们曾经说过，这种情况产生了音乐和体操。

克：我们当然记得。

客：我们还说过，这是人欣赏旋律和和音的能力的起源，阿波罗、缪斯和狄俄尼索斯这些神合作起来把这种欣赏能力移植到我们身上。

克：的确是的。

客：特别是依照一般的说法，显然酒是一种向我们报复的手段而给予人们的，它是要我们精神错乱。但我们的解释完全相反：这件礼物意在成为一种药物，使灵魂中产生崇敬、身体中产生健康和力量。

克：是的，先生，这是对这一论点出色而简要的概括。

客：现在我们对唱歌和跳舞的探讨进行了一半。我们用什么可取的方法来进行另一半的探讨呢？我们会通过吗？

克：你说的两个一半是什么呢？你的分界线划在哪里呢？

客：我们发现，在某种意义上，把唱歌和跳舞合在一起，乃是教育的全体。它的一部分（有声部分）涉及旋律与“和声”。

克：是的。

客：第二部分涉及身体的动作。这方面我们也有旋律，这一特点也表现在声音的运动中，但身体的动作是它自己特有的方面，正像在另一半中，曲调是声音运动的特有的方面。

克：完全正确。

客：当声音的音渗透到灵魂里的时候，我们把这看作是美德教育，我们试一下用“音乐”这个词来描绘它。

克：十分正确。

客：当我们描述为“快乐的跳舞”的身体动作使身体的健康状况处于良好状态时，我们应该管这种有系统的训练叫“体操”。

克：正确之至。

客：对于音乐就说这么多。音乐占了我们说过的合唱队这个题目的一半左右，这部分我们已经考察完了。事情就是这样。我们还要讨论另一半吗？我们现在应该采用什么方法呢？

克：我亲爱的朋友！你正在跟克里特人和斯巴达人谈话。音乐我们已彻底地讨论过了，体操留到以后讨论。你认为，从我们每个人身上，你会得到对这一问题的哪种回答呢？

客：我必须说，对这个问题有一个非常明确的回答。正像我所说的，我认为，你的问题实际上就是一种回答，甚至是一道命令：中止我们对体操的探讨。

克：你完全了解我：请如此从事。

客：是的。当然，讨论一个对你们两人来说如此熟悉的题目并不十分困难。你们知道，在这一特殊技能方面，你们比在其他方面有着多得多的经验。

克：的确如此。

客：此外，这种娱乐形式同样起源于这样的事实，即每种动物都有到处蹦跳的自然习惯。正像我们说的，人这种动物获得了旋律的意识，这就导致舞蹈的诞生。曲调启发了旋律并唤醒了对它的回忆，并且由于两者的联合产生了作为一种娱乐的合唱队的唱歌与跳舞。

克：的确。

14. 客：我们已经讨论了这两种里的一种，现在我们着手讨论另一种。

克：行啊。

客：但是别急，如果你们同意，先让我们把我们对饮酒用途的讨论推向最后的高峰。

克：你指的高峰是什么?

客：假定一个国家接受了饮酒这一习俗，这是现在我们正十分严肃地讨论的，用一些规则来控制它并用它来培养节制习惯；假定根据同一个原则，该国允许人们同样享受其他类似的快乐，把饮酒仅仅视为一种控制快乐的工具。在每一个场合，我们的方法将是一种必须采纳的方法。但如果国家把饮酒当作纯粹的和单纯的娱乐，并且让任何人饮酒自娱，想要什么时候喝就什么时候喝，想要跟谁一起喝就跟谁一起喝，在喝酒的同时想要干什么就干什么，那么我将投票赞成：决不容许该国有一丁点儿酒、个人喝一丁点儿酒。我会比克里特人和斯巴达人的习俗更进一步：我支持迦太基人的法律，这项法律禁止所有现役军人饮酒，在整个作战时期只有水被准许作为唯一的一种饮料。至于市民，法律禁止男女奴隶与酒接触，法律禁止地方官员在任职期内饮酒，值班的舵手和陪审员绝对禁止与酒接触，任何准备参加重要问题讨论的参政官也是如此。没有人被允许在白天饮酒，除非具有训练或健康方面的理由，夜里也不许饮酒，如果他们想要生孩子（这一禁令对男女同样适用），人们会指出在其他许多情况下不宜饮酒，这些情况是任何一个尊重法律的明智的人都知道的。这种理论是说，没有哪个国家需要大量葡萄，作为全部农业和整个食物问题的管理法规的一个部分，酿酒尤其是要被限制在适当的数量上。先生们，承蒙你们允许，让我把这作为我们对酒的讨论的最后高峰。

克：好极了！我们同意。

【导读】

教育的总体涵义、教育的具体内容（合唱、跳舞）的讨论湮没在纷繁的对话中，最能反映柏拉图的"教育观"方式是卷末的"饮酒"问题的"隐喻"——"酒"及其饮用并不是关键，其引起的结果才是讨论的重心，一如教育及其实施不是关键，但其对城邦的影响才是讨论的中心！

第七卷[1]

【文本简析】

第 1 节，儿童教育问题的提出及处之态度；第 2 节，"早教"的提出；第 3 节，"早教"的方法；第 4 节，"早教"的理由；第 5 节，儿童人格培养之一——勇敢；第 6 节，儿童人格培养之二——好脾气；第 7 节，"中庸"的方式；第 8 节，"方法"之要；第 9 节，教育习俗；第 10 节，艺术、体育教育；第 11 节，合唱教育；第 12 节，男孩、女孩的人格教育；第 13 节，教育方法；第 14 节，文学教育立法；第 15 节，音乐教育立法；第 16 节，体育、舞蹈教育立法；第 17 节，算术教育立法；第 18 节，几何教育立法；第 19 节，天文教育立法；第 20 节，狩猎教育立法。

【原文节选】

1. 客：既然男孩和女孩都已生了下来，那么他们的教育和训练将是下一个最合适的研究论题。这不是我们可以扔在一边的事情，这是不会成问题的。但我们将明显地尽量把我们的论述限制在提出建议和指示，而不去冒险制定精确的法令。在家庭私生活方面，你们知道，有许许多多细小的活动是决不能公开的，在欢乐、痛苦或希望的感觉的刺激下，这些细小活动也可能容易同立法者的劝告相对抗并使公民们具有各种各样、相互冲突的性格。这是一种

---

[1][古希腊]柏拉图著，张智任、何勤华译.法律篇[M].上海：上海人民出版社，2001：203—250.

社会性的罪恶。尽管这种活动很微不足道，并且普通得使人不能正式用法律来惩罚它们，但它们却势必暗中破坏成文法规，因为人民惯于在小事上反复不断地破坏着规则。这就是为什么对于这些事情的立法虽有种种困难，但我们却不能简单地对此无动于衷。我一定设法通过向你们提出若干似乎是范例的办法，来讲清楚我的论点。现在，我希望，我似乎更愿意把我的意思隐藏起来。

2. 克：你说得非常对，看起来的确如此。

客：我认为这样说是正确的：一种教育要是"正确的"，它就必须在每个方面都显示出力量，使我们的身心尽可能美好。

克：当然。

客：我认为，拿最基本的要求来说，如果一个人日后要相貌堂堂，他从最小的时候起，就尽可能地保持笔直的姿势，是吗？

克：当然。

客：好吧，我们观察到，不是吗？每一动物在其成长的最早时期，都是最有活力并且发育迅速。这就是为什么许多人实际上认为，一个人在其一生的开头 5 年，比后来的 20 年成长得更快。

克：的确。

客：但我们知道，迅速的成长如果没有经常而合适的、有阶段性的锻炼，会对身体造成很大的麻烦。

克：是的，的确这样。

客：当一个人的身体在发育得最快的时候，也最需要锻炼，这样说不对吗？

克：天哪，先生。我们打算对新生婴儿和小孩也这样要求吗？

客：不仅如此——我认为还应该提前，他们在母腹中发育时就应开始。

克：你说什么？我亲爱的先生！你的意思真的是在娘胎里？

客：是的，我是这个意思。但非常令人吃惊的是，你们没有听说过娘胎里的这些体育运动。这是一个令人好奇的题目，但我愿意把这种情况告诉你们。

克：当然应如此。

3. 客：雅典人是比较容易懂得这一点的，在那里，有些人参加运动已过分了。不仅男孩，而且还有一些上了年纪的人，养雏鸟并让它们互斗。但他们当然没有想到，正是让它们互斗才给了这些动物以合适的锻炼。要补充的一点是，每个人都把鸟放在他身上的某个地方——小的一只放在他收缩成杯状的手里，大一点的一只放在他的腋下。他踱了无数斯塔德的步，但并不是为了他自己的健康，而是使这些鸟保持着好的形体。对一个聪明人来说，这个教训是一目了然的，所有的人的身体都由于各种运动和颠簸而得到帮助，强健了起来，无论这些动作是出自他们自己的努力，还是因为他们乘上了车辆、船舶、马匹或其他运输工具。这一切都能使身体吸收固体和液体食物，让我们健康地成长，变得漂亮和强壮。根据这一切，我们能够说出我们未来的方针是什么吗？如果你们喜欢，我们可以制定出一些明确的规则（也不知人们会如何地讥笑我们！）：（1）一个怀孕的妇女必须散散步。孩子生下后，她应该把他像一块蜡那样来造型，因为孩子仍旧是柔软的，并在开头两年好好地把孩子包裹起来。（2）用刑罚强迫保姆做到，让孩子经常被带往农村、庙宇或亲戚家，直到他们茁壮成长得足以用自己的两条腿站立起来。（3）即使那时，保姆仍该坚持带着孩子到处跑，直到孩子3岁，使孩子避免由于经受太大的压力以致幼嫩的四肢弯曲。（4）保姆必须尽可能地身强力壮，而且人数要多。对每种破坏规则的行为，我们应该施以有文字规定的刑罚。噢，不！这会使我对刚刚提及的问题讲得太多。

克：你的意思是……

客：……我们已经招致人们大笑特笑。保姆（妇女和奴隶，有合适的性格的）无论如何不会听从我们的。

4.克：那么我们为什么坚持制定这些规则呢？

客：由于这样的原因：一个国家的自由民和主人有着同保姆非常不同的品格，如果他们有机会听到这些规则，他们可能会被引向正确的结论：只要私人生活管理得不好，国家的一般法典就决不会有一个坚实的基础，而且对这一点心存侥幸更是愚蠢。他们意识到了这一点的真理性之后，也许就会自发地采纳我们上述的建议作为规则，从而取得了幸福。这种结果来自他们在管理家和国时都采取的恰当的路线。

克：是的，说得非常合情合理。

5.客：此外，我们尚不可放弃这种立法方式。我们开始谈了小儿的身体，让我们用同样的方法来说明如何塑造他们的人格。

克：好主意。

客：所以，我们就把它作为两种情况下我们的基本原则：所有幼小儿童，特别是非常小的婴儿，在可能情况下会通过日日夜夜从养育和坚持运动中获得身心两方面的好处。的确，只要可以安排，他们就应该仿佛永远乘在一只海船上。但如果这是不可能的，我们必须设法给我们的新生婴儿提供可能的最接近于这种理想的办法。

这里有某种进一步的证据，从这一证据中可以得出相同的结论。事实是：接受过柯里班特式治疗的幼儿的保姆和妇女们，从经验中学得了这种治疗方法并承认了它的价值。我认为，你知道，一个母亲要一个醒着的孩子入睡，用的是什么办法。压根儿不是让他安静下来，而是小心翼翼地把他抱在臂把里来回摆动，不断地摇动，嘴里也不闲着，发出哼哼的声音。这种医疗由运动构成，符合跳舞和唱歌的旋律。母亲使她的孩子安静下来，完全像管弦乐队使狂乱中的酒神节狂欢者着了迷。

克：既然如此，先生，我们对这一切有什么特别的解释吗？

客：理由不难找到。

克：是什么呢？

客：这两种情况都是一种恐惧，而恐惧产生于人性中的某种缺陷。当一个人用剧烈的运动来医治这些疾病时，这种外部运动取消了产生恐惧和狂乱的内部搅动。这种外部运动产生灵魂中宁静与和平的感觉，不管每个病人都曾经受过心的痛苦的跳动。结果非常叫人满意。与那使醒着的孩子入睡的情况相反，通过使狂欢者（并没有入睡！）配合管乐跳舞，在他们发狂之后，由于他们慷慨地给以奉献的众神的帮助而恢复心智的健康。这种解释虽然简单，却足以叫人深信不疑。

克：是的，的确。

客：那么好吧，既已看到了这些措施是多么有效，那么对于病人还有一点必须指出。任何一个在最幼小的年龄经受过恐吓的人，非常可能在长大后变得胆小。但没有人会否认，这是在训练他成为一个胆小鬼，而不是成为一个英雄。

克：当然。

客：相反，我们都同意，从婴儿起所做的勇敢方面的训练，要求我们克服那些袭击我们的恐怖和恐惧，是吗？

克：完全正确。

客：所以我们可以说，用使其处在运动中的方法来训练非常小的孩子，大大有助于使灵魂的美德之一趋于完善。

克：当然。

6. 客：此外，好的脾气和坏的脾气都分别是好的道德品质和坏的道德品质的重要的要素。

克：当然。

客：那么我们如何能够从一开始就向新生儿灌输这两种性格中我们所要的一种呢？我们必须设法指明，我们的控制达到什么程度，以及我们必须采用的方法。

克：完全如此。

客：我属于这样一个思想派别，主张奢侈使一个孩子养成坏的脾气，容易发火，一点鸡毛蒜皮的小事就使他暴跳如雷。在另一极端，过分野蛮的压迫，使孩子们变成卑躬屈膝的奴隶，使他们与世界格格不入，以至他们不适合成为社会中的成员。

克：那么作为一个整体的国家应该考虑如何着手对孩子们进行教育，而他们尚未懂得向他们说的事情和对他们进行教育的打算做出反应。

客：大概如此。每一只新生的动物都容易大叫大嚷，特别是人类的孩子，他除了大叫大嚷以外，还特别容易哭。

克：当然。

客：所以，如果一个保姆试图发现一个孩子想要什么，她就得从对给他的东西所做出的那些反应中来判断。她认为，一声不响，说明她给他的东西正是他想要的。相反，大哭大喊则说明给错了东西。显然，眼泪和大叫大喊正是孩子表示他喜欢和不喜欢的方法——两者也都是预兆，因为这个阶段至少持续三年，并且这是一个人一生中过得坏（或好）的非常重要的部分。

克：你说得对。

客：现在，你们两人不认为，一个性情乖僻和不太温和的人将在整体上比一个好人所能做到的更无病呻吟和爱发牢骚吗？

克：是的，我无论如何是这样认为的。

客：既然如此，假定你千方百计在这三年中使他一点不经受忧伤、惊吓和痛苦，那么我们应该期待着，这个孩子会被教育成为一个性格比较快乐和温和的人，是吗？

克：当然，先生，特别是如果一个人被大量的欢乐包围着。

7. 客：我亲爱的先生，到这里为止，克列尼亚斯与我不再同行了。你向我们提出的这个方针是败坏一个孩子的最好方法，而且这种危害在教育过程一开始就不断地产生了。但也许在这一点上我是错了。让我们来看看吧。

克：告诉我们，你想说些什么。

客：我说的是，我们正在讨论一个十分重要的问题。所以梅奇卢斯，你也要搞清楚你们的观点是什么并帮我下决心。我的立场是，人生的正确道路既不是一味追求欢乐，也不是绝对避开痛苦，而是温和地（我只在此时才用这个字眼）满足于两个极端之间的状态。显然，这种状态事实上正是我们常说的神自己的状态（这是一种理由充足的推测，事实上得到了神谕的支持）。同样地，如果我们中的一人渴望过像神那样的生活，那么这就是一种他一定要设法去达到的状态。他必须拒绝为了自己的利益去寻找欢乐，懂得这不是一种避免痛苦的方法。他也不允许任何其他人（男、女、老、少）去这样做。如果他有办法的话，至少所有的新生儿不被如此去这样做，因为在这个年龄，作为整个性格的种子的习惯是最容易被培养的。我甚至冒着被人讥笑为轻率的危险而主张，所有等待着当母亲的人，在她们怀孕那年，应该比其他妇女更受到监督，以确保她们既不经受经常的或过分的欢乐，也不经受经常的或过分的痛苦。一个等着做母亲的人必须考虑到，重要的是在整个怀孕期间保持平静、愉快和态度温柔。

克：先生，你不必去问梅奇卢斯我们两人中哪一个把事情办得更好。我同意你的意见，每个人应该避免极端欢乐和极端痛苦的生活，始终保持两者之间的中间状态。你的观点很好，提得很实在，你也已听到了很好、很真诚的赞同。

8. 客：好极了，克列尼亚斯！既然如此，这里有一个我们三人应该予以考虑的有关的问题。

克：什么问题？

客：我们现在正在研究的一切规则，人们通常叫作"不成文习惯"。实际上，人们所说的"祖宗的法律"就是指的所有这些事情。不仅如此，而且刚才我们取得的结论也是如此。尽管"法律"一词用于这些事情是个错误，但我们不能对它们只字不提，因为它们是整个社会框架的黏合剂，把一切成文的和制定了的法律同还未通过的法律联系起来。它们所起的作用同祖先的习惯一样，后者出现于遥远的过去。由于是有效地被确立的，因此被人们本能地遵守，并保卫和庇护了现在的成文法。但如果它们错了，"出了毛病"，那好，你们知道，房子墙壁的柱子弯了，会发生什么事情：使整幢房屋倒塌下来，一物压着另一物，支撑物和上层建筑也都一样（无论造得有多好），这一切都是因为原来的木结构坏了。所以你知道，克列尼亚斯，当你们的国家还是新建立起来的时候，必须记住把你们的国家完全团结起来。尽我们所能不要忽略任何事情，无论大的或小的，是"法律"、"习惯"还是"政制"，因为它们都是把国家黏结在一起所需要的，并且每种规范都永远是相互依存的。所以，看到大量显然是并不重要的习惯或惯例使我们的法典加长，就不必惊讶了。

克：你说得非常对，我们会牢记这一点。

9. 客：如果这种制度受到小心谨慎和有条不紊的遵守，到了3岁的时候，一个男孩或女孩的早期训练就会得到这一制度的巨大帮助。一个孩子在4岁、5岁、6岁，甚至7岁时，他的性格应该在玩耍的时候形成起来。我们不该去损害他，而应求助于纪律，但要有分寸，不得羞辱他。对于奴隶，我说过，惩罚不得采取高压手段，以至引起他们怨恨，尽管另一方面，我们不得因放任让他们做错事而损害他们。同一条规则同样应该应用到自由人身上。当孩子们聚集在一起的时候，他们多少自发地发现那些在他们那个年龄自然而然地产生的游戏。所有孩子，从3岁到6岁，都得集合在村庄的神庙里——每个村庄的孩子都聚集在同一个地方。他们都由保姆看管，保持良好的秩序，不得干坏事。保姆同她们的孩子群作为一个完整的整体，都受为实施监督而选出来的12个妇女的监督。当选的妇女一次任职一年，负责一个群体。监督员的分配工作由法律维护者来担任。这12个人由负责监督婚姻的妇女们选出，一个部落选出一人。她们必须与她们的选举人年龄相当，分配给每个部落的妇女可以免除其义务，条件是每天去神庙和惩罚任何犯罪案件。她可以使用一批国有奴隶去惩罚受她管辖的男女奴隶和外国人。但是，一个公民如果对自己受的刑罚有异议，她必须把案件移交给城市维护者，如果这个公民没有异议，她也可以在自己的权力范围内惩罚他。当男孩和女孩到了6岁时，男女就应分开，男孩同男孩一起过日子，女孩同女孩一起过日子。每个人都得上课。男孩子到骑术、射箭、掷标枪和投石器的教师那里去，女孩子如果同意，也可以去。女孩子可以上任何课程，特别是那些使用武器的课程。在这方面，你们知道，几乎每一个人都会误解当前的习俗。

克：是什么习俗呢？

客：人们都认为，在动手的时候，人的左右手生来都适合做不同的专门的工作，其他的则不然，双脚和下肢显然完全没有不同的功能。由于保姆和母亲愚蠢，我们都成了所谓手残废的人。每只手臂的天然潜力大致一样，它们之间的不同是出于我们自己的错误，因为我们已习惯于误用它们。当然，那些无关紧要的活动——用左手拿七弦竖琴而用右手拿琴拨等等——那是无伤大雅的。但在毫无必要时，却拿这种例子作为其他活动的榜样，那就愚不可及了。锡西厄人的习俗就是这方面的一个说明：一个锡西厄人不是只用左手拉弓，也不只用右手搭箭，而不加区别地用两只手做两种事情。可以找到大量其他类似的例子：如驾驭双轮马拉战车和其他活动。从这些活动中我们可以看出，当人们的训练使左手不及右手时，他们违反了自然。正像我们说过的，在使用牛角琴拨和类似乐器的场合，这些是无所谓的。但当一个人使用铁制武器（标枪、箭或其他什么）的时候，问题就大了。当你用你的武器来交手时，情况严重到了极点。一个接受过这个教训和一个没有接受过这个教训的人，一个受过这种训练和一个没有受过这种训练的战士，两者之间的差别有多大呀！你知道，一个受过训练的搏击手或者拳击手或者摔跤手都能从左边来攻击，所以当他的对手使他转移了方向，在左边战斗时，他就不会像是个瘸子一样左右摇晃，而是保持其平稳。我认为，我们必须推定，同样的规则显然适用于武器的使用和其他一切活动。一个人有一双手两条腿用于攻击和防御，如果他能够的话，就不应该让它们闲着，不加训练。事实上，如果你们生来就有着吉里昂或布里阿柔斯的身体，那么你们就应该用一百只手掷一百支矛。所有这些事情都应受到男女官员的监督。女官员密切注视着孩子们在玩耍时得到的训练，男官员监督他们的课程。他们必须懂得，每个男孩和女孩都要在使用双手双脚方面全面成长，这样，他们就不会因其后天的习惯而破坏他们先天的才能，只有如此才能防患于未然。

在实用上，正式的课程分成两类：一类是对身体所做的体格训练，一类是用以完善人格的文化教育。体格训练再分为两科：舞蹈和摔跤。人们跳舞的时候，既可以按照作曲家所作的词动作起来，而且此时他们首先关心的是庄严和文明的风度，也可以关注体格锻炼、敏捷性和漂亮。这时候，他们全神贯注于按照那些受到赞扬的式样运动，以至每一肢体和身体的其他部分可以用它本身特有的优美性来活动，这种优美性就如此保存下来，浸润到通常的舞蹈中。至于摔跤，那些作为安泰和塞西翁的技巧的一部分引进的伎俩，由于他们卑下地着迷于赢得对方，以及伊匹乌斯和阿米克斯发明的拳击方法在军事冲突中是绝对无用的，因而不值得予以描述。但如果是正规摔跤的合法动作——脖子、两只手和两肋在被套住的情况下挣脱出来，是为了增加气力和增进健康而实施的，选手们满怀希望去获胜而不是求助于卑鄙的手段，那么它们是极其有用的，我们不能忽视它们。所以当我们在我们的法典中触及这一议程时，我们必须告诉未来的教师用一种有吸引力的方法传授所有这些课程，而学生们则怀着感激的心情接受这些课程。我们不应该忽略对合唱表演的关注，这种合唱表演是适合于模仿的。举例说，克里特这里的献给库列特神灵的"盔甲戏"、斯巴达献给天上双子座的"盔甲戏"。在雅典，我们的雅典娜，我认为，会因一场合唱表演而高兴的。她深信，空了手演出是错误的，正确的是跳舞时要全身戎装。我们的男孩和女孩必须全心全意地模仿她的这一范例，并赞美女神为他们准备的礼物，因为它增加了他们的战斗技能和装点了他们的节日。年轻的男孩，从小一直到服兵役的年龄，当他们参加纪念某位神的游行和列队行进时，都得装备着武器和马匹。当他们祈求众神和众神之子时，他们必须跳着舞齐步行进，有时候轻捷，有时候缓慢。即使在正式比赛或预赛中，如果他们想证明自己在战争和和平时期对国对家都是有用的，那么就必须从这些目的而不是其他目的出发来予以考验。其他种类的体育训练，梅奇卢斯和克列尼亚斯，不管对身体有重大影响还是仅仅为了娱乐，都是有损于男子汉尊严的。

我现在已经很好地描述了我先前提到过的、应予描述的那种体育教育。它所有的详节就是如此。如果你们知道有比这更好的制度，那就请提出来。

克：不，先生，如果我们拒绝你的那些建议，那就不容易得到一个更好的比赛和体育训练的纲领了。

10. 客：下一个讨论题是阿波罗和缪斯的礼物。以前我们讨论这个题目时，认为已把它详尽无遗地谈过了，并把体育训练单独留下来讨论。但现在清楚了，有许多事情被漏掉了,这些问题事实上应该首先讲给人们听的。我们依次地来讨论它们。

克:好的,当然要讨论它们。

客:那么听我说。当然,你们以前已经这样做了,但你们现在仍然必须非常注意,因为对说者和听者来说,这些事情是十分叫人感到奇怪的和远非寻常的。你们知道,我本来准备保持沉默,但我会鼓起勇气,继续向前。

克:先生,你的这一主题是什么呢?

客:我认为,没有哪个国家有人真正懂得儿童的游戏对立法有如此重大的影响,竟可决定已制定的法律的存废。如果你控制着儿童游戏的方法,同一些儿童总是根据同一些规则并在相同的情况下做同一些游戏,从相同的玩具中得到快乐,那么你会发现,成年人生活的常规也是平平静静,没有变化的。但事实上,游戏一直在改变,始终有变化并有新的游戏创造出来。年轻的一代决不会连续两天对同一样事情感到热心。通常,无论在行为举止或财产方面,他们对合适与否都不会有长久的一致的标准。他们所崇拜的人或事总是在形状和颜色方面有所创造或不同凡响。事实上,说这种人是国家所能遇到的最大的威胁并不为过,因为他使青年人蔑视旧事物,乐于胡思乱想,从而潜移默化地改变着年轻人的性格。这种语言和这种观点——我再说一遍——是任何一个国家所将经受到的最大灾难。听好:我现在正要告诉你们,我认为这是一种多么大的罪恶。

克:你指的是公众抱怨旧式的办事方法,是吗?

客:正是。

克:好,你不会发现我们对这种论调充耳不听,你不可能找到比我们更为赞同你的听众了。

客:我也是这么想的。

克:那么继续往下说。

客:既然如此,就让我们以甚至比平常更大的注意来倾听这一辩论,并以同样的注意力对其他每个人的问题做解释。我们将发现,除了在某种邪恶的事情中,变化总是极端危险的。对四季、风向、身体的锻炼方式,灵魂的性质都是这样,简言之,无一事例外(除非像我刚才说的,这种变化影响到某种邪恶的事情)。就拿人的身体逐步适应各种各样的食物、饮料和锻炼的方法来说吧。起先，人们对这一切感到厌烦，后来随着时间的推移，正是这种养生法使人类健康成长。于是这种养生法和肉体形成了一种伙伴关系，使身体变得习惯于这种合意和熟悉的习惯，过一种完全幸福和健康的生活。但可以想象，有人被迫再改变到去适应另一种被推荐的习惯，那么，起先他被疾病所烦恼，只是慢慢地，变得习惯于他的新生活方式，他才回复到正常状态。好，我们假定，同样的事情准确地发生在一个人的外表和人格上。当人们在法律约束下培养长大，由于某种老天赐予的好运，在非常长的时期中保持不变，以致没有哪个人回忆得起或听说过事情有过什么不同时，灵魂就充满着对传统的尊敬，于是传统在受到干扰时不会有任何改变。不管怎样，立法者必须在国内找到制造这种条件的方法。现在在这里，我提出我自己对这个问题的解决方法。正像我所说的那样，所有立法者都认为，儿童游戏的改变仅仅不过是一种"游戏"，这种变化不会导致严重的或真正的损害。因此，他们非但不防止变化，甚至给它以某种支持。他们并不认为，如果儿童们把新东西引进他们的游戏中，他们就会不可避免地变为同上一代完全不同的人。既已如此，他们就会要求一种不同的生活，接着，这种不同的生活使他们需要新的政治制度和法律。下一个阶段是我们刚才描述过的、可以影响到国家的最大邪恶，但没有哪一个立法者为此前景而感到害怕。其他仅仅影响到行为举止的变化造成的危害虽然较小，但事实上，这将改变一个人的道德品质的褒贬标准，不得不说是件非常严重的事情，我们必须十分小心避免这样做。

克：当然。

客：既然如此，我们对我们刚才所坚持的方法还感到愉快吗？当时我们说过，旋律和音乐通常是表现好人和坏人的品格的手段。还有其他的吗？

克：是的，我们的观点没有变化。

客：所以我们的立场是这样的：我们必须尽量不让年轻一代在舞蹈或歌唱中尝试去表现新事物。我们还得制止贩卖欢乐的人诱使他们去尝试。

克：你说得再正确不过了。

客：现在，我们之中有谁知道要做到这一点的比埃及人更好的方法吗？

克：那是什么方法？

客：把我们的全部舞蹈和音乐奉若神明。第一件事情是起草年度计划来安排节日，计划中显示各种节日的日期和因各个神、神之子或精灵而得以入围的日期。第二，为了表示仪式的尊严，要决定在向众神献祭时应唱什么赞美诗，跳哪种类型的舞。这种决定应该由某位当权者或别的人做出，然后是全体公民集合起来对此加以核准。核准的方式是向命运三女神和其他所有的神祭献并奠酒，把每一首歌献给相应的每位神和别的神。如果有人不服从并用不同的赞美诗或舞蹈向任何一位神致敬，那么男女教士就联合法律维护者在神法和世俗法的支持下把他开除。如果他抵制开除，那么他必须在一生的其余时间中，接受谁愿意谁都可以控诉他犯了渎神罪的指控。

克：做得对。

11. 客：既然我们已经进入了这一讨论，那么我们必须做得小心翼翼符合我们老年人的身份。

克：你指的什么？

客：没有哪个年轻人，更不用说是一个上了年纪的人，当他看到或听到某种异乎寻常和非常陌生的事情，可以立刻丢掉他的疑惑进而得出一个草率的结论。较为可能的是，像一个旅行者，他独自或同别的人一起到了一个十字路口，吃不准走哪条路才对，他犹豫了，他会自己问自己或问他的旅伴。他在明确地确定他的前进方向前是不会继续他的旅行的。这恰恰是我们现在要做的。我们的讨论已使我们接触到了法律上的悖论，我们自然应该详尽地来探讨，而不是——像我们这把年纪——轻率地、即兴地对这一重要领域发表武断的意见。

克：你说得完全正确。

客：所以，我们对此问题不要仓促从事，只有当我们完全了解它的时候，我们才做出坚定的结论。此外，没有什么东西可以阻挡我们圆满地、规范地表达我们现在正在讨论的"法律"，所以让我们赶紧把这些事情做完。如果情况许可，当事情完全弄清楚之后，也许可以指出妥当地解决我们现在所遇到的问题的方法。

克：你说得非常好，先生，让我们照你说的去做。

客：所以我们认为，我们对上述的悖论意见是一致的：我们的歌曲已经转变成了"诺姆"（显然，古代人把这个名称给了七弦竖琴的调子，也许他们已暗示了我们现在所说的事情。这得感谢某个人的直觉，是他在睡梦中和醒着时看到了某种异象）。不管是不是如此，我们且把这作为我们一致同意的方针吧：没有人唱的一个音符或表现任何一个舞蹈动作，不是在大众歌曲、圣乐和年轻人全体合唱表演里的，正像他不会违背其他任何"诺姆"或法律一样。如果一个人服从了，他不会受到法律的干涉；但如果他违犯了，法律维护者和男女教士都得惩罚他，像我刚才所说的那样。我们能接受这一点作为一种政策的陈述吗？

克：我们能够。

客：那么人们如何使这些规则取得适当的法律形式而不受到嘲笑呢？好吧！有一个新问题我们必须指出：在这方面，最稳妥的办法是草拟出几条标准的规则。这里提供你们一条：想象一次祭献已经完成了，祭品按照法律的要求焚烧了，有个人（比如儿子或兄弟）以个人名义站在祭坛和祭品旁边，突然做出了极端渎神的行为：他的话使他的父亲和其他亲戚大感惊讶和沮丧，以及绝望的预兆，不是吗？这不是我们所期待的吧？

克：当然。

客：但几乎可以毫不夸张地说，在世界的每个角落，差不多每个国家都发生这种事情。当一个官员完成了一次公开的祭献，一支合唱队或一批合唱队到了并在离祭坛不远的地方，有时是紧靠祭坛站好位置。接着，他们对祭品说出许多许多绝对是亵渎的话语。他们用最令人毛骨悚然的语词、旋律和音乐把听众的情绪激起一个巨大的高潮。得到了赞扬的合唱队是因为它最能使广大观众泪如泉涌，而这些观众刚才还供了祭品。好，这当然是一种"诺姆"，对这一"诺姆"，我们应该通过一项令人不愉快的裁决，不是吗？如果真有必要让公众在那些不干净和不吉利的日子里听这种阴郁的噪音的话，那么可以好得多的或完全妥当的办法是，雇用一些外国合唱队来唱这种歌（正像一个人雇用送丧人唱着卡里亚人的挽歌陪伴出殡队伍）。特别是，配合这种挽歌的服装不宜用花环或金属饰物来装饰，而是——为了尽快摆脱这个主题——完全相反的东西。我简单地重复一遍我们经常问自己的问题：我们要把这第一个例子作为唱歌的一项标准规则而愉快地接受吗？

克：什么？

客：吉祥的语言的规则，这是我们的歌曲最重要的特点。或者我不再提这个问题而直截了当地制定这一规则？

克：一定得制定这一规则，你的法律会被批准而不会有一票反对的。

客：那么在吉祥的语言之后，音乐的第二项法律会是什么呢？肯定是这样的：永远向我们祭献的众神祈祷。

克：当然。

客：我认为第三项法律将是这样的：诗人们应该意识到，祈祷就是向众神乞求某种东西，所以他们一定非常小心，决不会漫不经心地乞求一种用某种利益包装起来的邪恶，否则，做这种祈祷是多么荒唐的不幸事件！

克：当然。

客：刚才我们的叙述使我们相信，"金神和银神，财富之神，应该在我们的国家里，既没有庙又没有家，对吗？"

克：完全对。

客：那么，我们说，这种说法给了我们什么教训呢？确切地说是这样一点：作者通常完全不能分辨好坏。我们的结论是：一个作曲家在他的唱词或甚至音乐中体现了这种错误，做了错误的祈祷，那么当重大的事情来临时，他会使我们的公民做出不恰当的祈祷，并且像我们所说的，我们将发现没有比这更明显的错误。所以我们可以把这项规则作为一条我们的标准音乐法律吗？

克：是什么？

客：就是一位诗人写的诗歌不可以同社会传统的正义、德性和美的概念相冲突。任何人都不得把他的作品在呈给指定的裁判人员、法律维护者并获得他们批准之前给任何个人看（实际上，我们已经有了我们被指派的裁判人员——我指的是我们选出来管理艺术的立法者和我们选出来当教育管理员的人）。既然如此，这里又产生了同样的问题：我们满足于把这点作为我们的第三个原则和我们第三项标准的法律吗？你们怎么认为？

克：我们当然接受。

客：下一点是，在向众神祝贺时，和着祈祷唱赞美诗、献颂词是合适的。在众神之后，我们同样可以给精灵和英雄们以他们应得的赞美，恰如其分地向他们每一位做祈祷。

克：当然。

客：下一项法律必须是非常由衷地接受的，它是：已故公民，如果他们在世时身体力行或人格力量取得了显著和光辉照人的成就和声誉，如果他的一生是遵守法律的一生，那么就应该成为我们唱颂歌的合适对象。

克：当然。

客：但当一个人活着时就用赞美诗和颂词来赞扬他，会引起麻烦，我们一定要等到他成功地结束人生旅途以后、事业终了之时（男人和女人只要显示出了令人注目的优点，则不管性别如何，都有资格得到所有的尊敬）。下面的安排应该是有关唱歌和跳舞的。在那些我们从过去继承下来的作品中，有许多伟大而古老的音乐作品，舞蹈作品也是一样，因为我们经常要锻炼我们的身体，我们应该毫不犹豫地从中选择那些对我们正在组织的社会合适的作品。年龄至少是 50 岁的检察官应被指派来做这种选择，显然符合标准的古代作品应该得到批准；绝对不合适的材料必须完全摒弃，低于规定标准的作品根据诗人和音乐家的建议，给予修订和重新编排（尽管我们将会利用这些人的创造性才能，但除了少数例外，我们信不过他们的鉴赏力和旨趣。相反，我们将根据立法者的希望，并根据他喜欢的跳舞、唱歌和一般的合唱队表演来安排）。风格散漫的音乐总是由于形式的过分要求而被无休止地改进，这样就不会使它马上具有吸引力。但音乐成为使人愉快的东西并非仅靠风格。举例来说，有个人从儿童时代到成年和懂事的时代，越来越熟悉一种风格受到控制和节制的音乐，如果要他欣赏其他某种音乐，他就会感到非常厌恶！"多么粗俗的东西！"他会这样说。然而，如果他是在欣赏具有强烈感染力的通俗音乐中长大的，那么他将把受过严格训练的音乐看得索然无味和令人讨厌。所以正像我刚才所说的，从有没有快乐的角度来看，两种风格不分轩轾，铢两悉称。差别仅在这样一点：一种音乐环境一直产生好影响，另一种环境一直产生坏影响。

克：说得好！

12. 客：此外，大体上我们应区分出适合于男子的歌曲和适合于女子的歌曲，并且给每一种歌曲以合适的样式和韵律。如果歌词不合于样式，或者它们的拍子与音乐的节拍合不起来，事情就糟了。如果我们不妥切地让歌曲和表演中的其他每一种要素配合，那就会发生这种情况。因此我们的法典无论如何在总体上要处理好这些要素。一种可能性是直截了当地保证，男人和女人所唱的歌词由曲调所强加的韵律和样式来伴奏，但我们关于女子表演的规则必须比这更明确，并且要基于两性之间的自然差异。所以，男子的性格必须具有高尚的态度和勇敢的本能，而作为女性的特点则要表现出一种温和而有节制的倾向——在理论上和法律上都一样。

现在来谈这些原则如何教和传。我们应该采取哪种方法? 谁该学? 什么时候上课? 当然, 你们知道, 当一个造船木工着手造船的时候, 他做的第一件事情是安装龙骨作为一个基础并在大体上显示出船的形状。我觉得现在我们自己的做法与此完全相像。我设法为你们区别开各种方法, 借助于这些方法, 我们的性格影响着我们的生活类型。我真的在设法"安装龙骨", 因为我正在给我们想要过的生活方式以适当的考虑——如果我们打算胜利地扬帆驶过生活的航程, 那么我们必须安装"性格的龙骨"。哎! 并非人类事务都值得十分认真地对待——但认真对待它们却真是我们不得不做的。此外, 也许要真正认识我们所处的地位并把我们的努力主要用于某种合适的目的。我的意思? ——是的, 你们有足够的理由问我这一问题。

克: 正是如此。

客: 我认为, 重大的事情值得我们给以很大的关注, 但琐屑的事情就不必了。所有善良的人都把神放在他们心思的中心; 正像我以前说过的, 人是作为上帝的玩具而创造出来的, 这就是上帝所赐恩惠的伟大之点。所以每个男人和女人都应该演好这个角色, 并相应地安排他们的整个一生, 这是他可能从事的最好的娱乐。而且要以一种与他们现在的精神状态十分不同的精神状态来做此事。

克: 你的意思是什么呢?

客: 我认为, 现在一般的观点是, 重大活动的目的是休闲。举例来说, 战争是件大事, 为了和平, 必须致力于战争。但冷酷的事实是, 战争的直接后果和最终结果都没有转变为真正的休闲, 教育也没有成为真正名副其实的一种教育。而后者在我们心目中, 正是一切活动中最重要的活动。所以我们每个人的生命的较大部分应该在和平环境中度过, 并且这将是最好地利用他的时间的方法。那么, 怎样的生活方式才是正确的呢? 一个人应该在"游玩"中度过他的一生——祭献、唱歌、跳舞。这样, 他才能赢得众神的恩宠, 保护自己不受敌人的侵犯, 并在战斗中征服他们。如果他用我们提出的方式唱歌、跳舞, 他就能达到这双重目的。可以说, 已经为他指出了路径, 他必须坚定不移地走他自己的路。诗人的话说得对:

"特勒马科斯, 你自己心里仔细考虑,

神明也会给你启示；我深信不疑，

你出生和长大完全符合神明的意愿。"

受我们教养的那些人，也必须以同样的精神来生活。他们必须期待着，尽管我们的建议可以说是非常正确的，但他们的保护神将向他们提出关于祭献和舞蹈的进一步建议，告诉他们各种各样的神，在纪念这些神的时候，他们应该做各种各样游戏，并且在怎样的场合，使他们赢得众神的好感，过他们自己天性要求的生活，使他们在大部分情况下成了玩偶，很少有实在的时候。

梅：先生，实际上你是在每个方面贬低人类。

客：不必惊讶，梅奇卢斯。你们必须体谅我。因为当我说话的时候，我是想着上帝的，并且失去了自我意识。所以，如果你们喜欢，那么我们认为，我们的种族不是没有价值的，而是颇为重要的。

再继续谈吧。到现在为止，我们已经为公共体育馆和国立学校在市中心修建了三个房屋群；同样地，在郊区的三个地区，开辟了马匹训练场，用来射箭和投掷等远程抛射物的广阔场地。在那儿，年轻人可以训练和学习这些技能。无论如何，如果我们以前在讲话中和法律中没有充分地说明这一切，那么现在我们就来做。

应该雇用外国教师住在这些地方，教学生完整的关于军事和文化科目方面的课程。儿童们不允许根据他们父亲的一个念头上学或不上学。只要有可能，"每个人"（如同谚语所说的那样）必须强迫接受教育，因为他们首先属于国家，其次才属于他们的父母。我必须强调指出，我的这项法律同样适用于男孩和女孩。女孩显然要用同样的方法来训练，并且我要毫无保留地提出这样的建议，哪怕是对于骑马或被认为是只适合于男子而不适合于女子的活动也是一样。你们知道，尽管我曾经相信过某些我听说过的古代传说，但我现在确切地知道，黑梅周围有许多通常叫作萨尔马西亚人的妇女，她们不但策马飞驰，而且弯弓射箭，并使用其他武器。在那里，男人和女人有同样的义务受训这些技能，而且他们确实如此做了。此外，关于这一主题，我要提供你们另一种想法。我认为，如果这些结果是能够获得的，那么我们这个希腊角落的情况是愚不可及的，因为在这里，男人和女人没有共同的目的，并且不把他（她）们的全部精力投入同一些活动中。在这样情况下，几乎每一个国家都只是半个国家，发挥的只是它的一半的潜力，反之，就可以事半功倍。这是立法者所犯下的多么令人吃惊的错误啊!

克：很可能。先生，许多这样的建议是同普通国家的社会结构不相容的。但当你说争论必须得到展开，只有在其结束后我们才可以做出选择时，你是对的。你已经叫我因说了话而责备自己。那么接下来谈谈你所喜欢的。

客：克列尼亚斯，我要提出的一点是我刚才提出的那一点。这一点如果没有被事实证明是切实可行的，那么就可以对我们的理论说三道四。但事实是，反对这项法律的人一定去寻找其他的策略。我们尽可能在教育和其他事情上不撤回我们的建议即男女地位平等。接下来，我们就来讨论类似的问题。请看：如果女人绝对不走男人的生活道路，那么我们一定得为她们制订出另一种计划吗？

克：的确。

客：既然如此，如果我们否定我们现在正在为妇女要求的这种平等地位，那么我们将采取哪一种今天真正在实施的制度来取而代之呢？色雷斯人和其他许多民族的习俗是怎样的呢？他们叫妇女在地里劳动，养牛养羊，于是她们同奴隶没有什么区别而成了女仆，是吗？雅典人和希腊其他所有城邦的人又怎样呢？好，请看雅典人如何处理这一问题：正像俗话所说的，我们把"我们的财产集中"在一个屋顶下，让我们的妇人管理我们的货物，从事纺织和绒绣。或者我们可以采用斯巴达的制度，梅奇卢斯，这是一种折中的制度。你叫你的女孩子参加竞技，你要她们接受强制的艺术教育，当她们长大时，尽管她们不去做绒绣工作，但她们却必须为她们自己"织造"一种相当艰苦的生活，这种生活决非低下的或无用的：她们必须艰苦地致力于管理家务，安排房屋，养育孩子——但她们不承担兵役。这就是说，即使某种极其紧急的状况使她们为她们的国家和她们孩子的生命而作战，但她们却不擅长于使用弓箭，像许多亚马孙人一样，也不可能同男子那样投掷其他任何投掷武器。她们不能仿效雅典娜，拿起盾和矛，看上去是布成某种战斗队形，以此恐吓敌人，英勇地抵抗威胁她们本国的破坏（如果不能起到更大的作用的话）。她们过着自己的生活，从不曾粗犷到像萨尔马西亚妇女一样，后者的气质较为显得像男人。那些愿意把这些事情交付给你们斯巴达的立法者的人，随他们去吧，我只是坚持我说过的话。一个立法者必须是一个完全的立法者，而不是一个半拉子的立法者。他不能只管男人而听任女人随心所欲地生活，沉溺于奢侈浮华之中。这样，只能给国家一半的繁荣，而不是整个的繁荣。

梅：我们到底怎么办，克列尼亚斯？我们打算让来客当着我们的面这样地贬低斯巴达吗？

克：是的，是这样。我们允许他充分自由地发表意见，在我们对我们的立法做出相当完整的评论之前，让他继续讲下去。

梅：好的。

客：那么我认为，我应该设法直接探讨下一个主题，好吗？

克：当然。

13. 客：既然我们的公民被保证生活必需品得到适度的供应，而其他人则已接受了熟练的工作，那么他们的生活方式将是怎样的呢？假定他们的农活交付给了奴隶，奴隶供给他们足够的农产品使他们获得适度的满足；假定他们在各个单独的群体里用餐，一个群体是属于他们自己的，附近的另一个属于他们的家属，包括他们的女儿和女儿的母亲；假定食堂归官员主管，根据情况有男官员和女官员，他们的职责是在每天检查用餐者的习惯后解散他们各自的集会，当官员和他的同僚向恰逢当日应当供奉的众神洒了酒后，所有的人就按时回家。那么，这种悠闲的环境没有给他们留下任何费力的工作去做，没有任何真正合适的职责吗？他们必然个个养得肥头胖耳，像头母牛，是吗？不，我们认为，那不是正常的和恰当的应做的事情。一个这样生活的人不可能逃掉他应受的惩罚；一只生活得很容易的懒而发胖的野兽的命运，通常是被其他某种动物撕裂成碎片，后者消瘦硬朗伴随着勇敢和耐劳（当然，我们只要求坚持我们的方针，允许个人拥有他们自己私人的家庭，包括房子、妻子、孩子等等，我们的理想未必要充分地实现。但如果我们把我们现在描述的第二等好的方案付之实施，那么我们有一切理由感到满足）。我们必须断言，还是有一些工作留给过这种悠闲生活的人的，这工作既不是最细小的，也不是最低下的，当然也不是在一切工作中最伟大的，这才是最公平的做法。事实上，为使一个旨在特尔斐或奥林匹克竞赛中获胜的人的生活完全没有空闲去干其他一切活动，而你至少要付出一倍的努力，如果你想培养每一种体育才能和每一种道德情操的话。那种不甚重要的事情决不应中止人们适当地进食和锻炼，或者妨碍他们的精神和道德训练。为了实施这一制度并从这一制度中得到最大好处，整个白天加上整个黑夜都是不够用的。

　　根据这一观点，每个男子汉都必须有一张时间表，表上计划好他一生中每一分钟要去做的事情，他从一天的黎明到下一天黎明时的全部时间都得按照这张表行事。然而如果一个立法者规定了房屋管理的大量细节，那就有损于他的尊严，特别是他制定了削减晚上睡眠的规则。如果公民们要有组织地、不中断地去保卫整个国家，那睡眠是必不可少的。每个人还都应该想到，如果一个公民整夜睡觉，那对一个男子汉来说是种耻辱，很不值得。不，他应该总是第一个醒来并起床，让所有的仆人都看到他（我们管这种事情叫"法律"或"习惯"都可以，无关紧要）。特别是，房屋的女主人应该第一个叫醒其他妇女，要是她自己被某个女仆唤醒，那么所有的奴隶——男人、女人和孩子——都会相互说"多糟糕！"如果能够的话，整幢房屋也会如此惊叹。当夜间醒着的时候，全体公民都得在政治和家庭事务上分配相应的行动，是作为居民区和商业区的官员，还是作为自己家里的男女主人。本来嘛，延长睡眠时间既不适宜于身体，也不适宜于灵魂，更无助于我们从事所有这些工作。一个人睡着的时候是没有用处的，如同死了一样。但一个特别想在身心方面有所作为的人，他尽可能使醒着的时间拉长，他把睡眠的时间减少到只是他的健康最需要的限度——仅睡一点点时间，这一点在后来便成了习惯。城里晚间醒着的官员警惕着公民或敌人干坏事，他们受到正直和有美德的人的尊敬和赞扬，因为他们给他们自己和整个城市带来好处。这样过夜的另一个优点是鼓舞城里的每个人。当破晓来临，另一天开始的时候，必须把孩子们送到他们的老师那里去。孩子们不能没有老师，正像奴隶不能没有主人，畜群不能没有牧人。在一切不驯服的动物中，孩子是最难管理的：一股力量大得异乎寻常的理性之泉（它流出的水尚没有流向一个正确的方向），使孩子变得既灵敏又淘气，成了最难驾驭的动物。这就是为什么必须用许多所谓"笼头"套在他的头上。起初，当他离开他的保姆和母亲的时候，他还小，没有成熟，管教他是导师的责任，但往后，这个责任转给了各门课程的教员，这些课程应当成为他们自身的纪律。到这个时候，他将被作为一个名副其实的年轻男子汉来看待。但是，无论是男孩和他的导师或老师，被路过的人们发现犯有错误，就得给以惩罚，这时，这个孩子就应像一个奴隶那样受到处分。过路人没有给他以应给的惩罚，那么此人一开始就必须蒙受极大的耻辱，负责年轻人的法律维护者则把这个人置于观察之下，因为他看到了我们谈到的那种邪恶，但没有给以必要的惩罚，或者没有按照公认的方式给以惩罚。我们那些目光敏锐和工作效率高的年轻人的教育监督员，必须把年轻人的自然发展拨到正确的路线上来，办法是始终把他们引导到体现在法典里规定的善行的道路上来。

然而，法律本身如何把它的教导传授给这一维护者呢？直到现在为止，他从法律中得到的教育是粗略的和模糊的，是顾此失彼的。但在可能的范围内，应当不漏掉任何东西，维护者把每一点都弄得一清二楚，以便轮到他来启发和教育其他人。现在，合唱队的事已经处理好了：我们看到，哪些类型的歌与舞要选出或修改，然后被奉献出来。但是哪些类型的散文作品要放到你们的学生面前呢？它们应该怎样展现出来呢？我亲爱的年轻人的指导员，我们有些事情还没有解释过。我们当然告诉过了你们，作战技能是他们必须练习和学到的，但文学、操七弦竖琴、算术怎么样呢？我们规定，他们每个人必须充分了解这些科目，以便参加战争，管理家务，治理国家。由于同样的理由，他们必须从他们的课程中获得天体（太阳、月亮和星星）方面的知识，因为这些知识将帮助他们应付每个国家在这方面所做的安排。你会问，我们指的是哪些安排呢？我指的是，由日组成月，由月组成年，同样地，每个季节、每个季节中的各种祭祀和节日，都根据自然界的次序各自得到它们应该得到的认可。结果是，国家保持着勃勃生气和警惕性，给众神以应有的尊崇，让人们在这些方面有较好的知识。所有这一切，我的朋友，还没有由立法者向你们做出适当的解释。所以请注意下面将说到的各点。

首先，我们说过，你们所拥有的是关于文学的不充分的资料。那么，我们对你被给予的建议有何责难呢？简单地说，还没有向你说明，是不是一个人在成为合格公民之前必须完全掌握这一科目，或者是否应一点都不去掌握它。对七弦竖琴也是这样。是的，我们认为，这些科目是必须掌握的。对一个10岁儿童，学习文学需要的适当时间约为3年，而后3年，即从13岁开始，应去学习七弦竖琴。这些时间既不可缩短也不可拉长，无论儿童或其父亲，出于对课程的好恶而延长或削减这些学习时间，都是违法的。有谁不服从，就被处以开除出学校的惩罚。这一点我们稍后来谈。然而，你们自己首先必须把握住在这段时间里老师该教的和学生该学的。那么，儿童在能读写之前必须学会识字，但在这段时间里，由于儿童的天赋较差，不能做出灵巧而优美的表演，那也是无可奈何的。

现在的问题是起于学习已写成了的作品，而写出这些作品的人却没有配之以音乐。尽管有些作品是有韵律的，但另一些作品却是完全没有韵律的。后者仅仅是复述平常的说话，没有用韵律和音乐来修饰。在大量这样的作家中，有一些留给我们的是有危险的作品。现在，我的杰出的法律维护者，你打算如何对待这些作品呢？关于这些作品，立法者给你们做出怎样的正确指示呢？我认为，他很有可能会无所适从。

克：你谈到的困难是什么呢，先生？显然你们面对的是一个真正的个人问题。

客：克列尼亚斯，你的假设非常正确。但你们两位是我在立法方面的伙伴，当我认为我预期到一种困难或没有预期到困难时，我是一定会告诉你们的。

克：哦？在这一方面你要谈什么呢？事情究竟如何呢？

客：我告诉你：人言人殊，莫衷一是，始终是个困难。

克：我的天哪！你真的认为，你现有的法案仅仅是在某些细节上藐视了一般的偏见了吗？

客：是的，这是一种很好的评论。我相信，你告诉我，我们正在讨论的这条立法途径遭到许多人的反对，但也许有许多人却对它满怀深情（或者即使他们在人数上少一些，但却并不是低三下四的人），并且你又告诉我，依靠后者，即支持我们的人们，沿着我们现在的讨论为我们开辟的途径勇往直前，决不退缩。

克：自然。

14. 客：那么就全力以赴吧。现在我就来说，我们有许多诗人，他们写的诗有六韵部的，三韵部的，以及所有标准韵部的，这些作者中的某一些人想成为严肃作家，或另一些人旨在取得一种喜剧效果。我们几次三番声明过，为了严格地教育年轻人，我们不得不用这些东西塞满他们的头脑。我们必须让年轻人广泛地熟悉这些作品，还有全部剧目，把所有诗篇都背诵得出。另一思想派别的人，把全部诗人的杰出作品，整节整节地编成诗集。他们声称，一个满腹经纶的人的广博知识，一定会产生出一个见解正确而又明智的公民，这些摘录是必须熟读成诵的。我认为，你们现在正是要我非常坦率地向人们指出，他们对在哪里，错在何处？

克：当然。

客：既然如此，简单地说，怎样来公正地评价他们呢？我认为，每个人会同意我下面说的话。这些作者中的每一位都创作了大量好作品和大量次质量的作品，如果是这样，那么我认为，让年轻人学这么多的东西是一种冒险。

克：那么你给法律维护者推荐什么呢？

客：关于什么的？

克：那些能使他决定哪些典型作品是所有儿童都可以学习的，哪些不可以的。告诉我们，不要有什么犹豫。

客：我亲爱的克列尼亚斯，我想我有一点儿运气。

克：什么运气？

客：因为我没有为寻找一种典型而茫无头绪。你明白，当现在我回头看一看我们所做的讨论，从开头到此刻，我意识到都有众神给我们鼓励，在我心目中，这仿佛是一部文艺作品。也许不必惊讶，一看到可以说是我的"全集"时，我被一种巨大的满足感所征服了，就是说，因为我所学过或听过的一切讲话，无论用的是韵文或像我所运用过的散文体裁，这些都给了我一种印象，即它们是最能为年轻一代所接受和最适于讲给他们听的。因此我用不着向负责教育的法律维护者推荐更好的典型了。这儿有他们必须告诉教师们去教给儿童的东西。如果他在研究散文作品或诗句时遇到与之相关的素材，或者听到表示出类似于我们今天讨论的不成文的散文创作时，就决不会白白放过，而是用到写作上去。他的第一项工作是迫使教师去学习这些资料并称赞这些资料，他必须不用那些不赞成这些材料的教师做他的助手，他只用那些认可他自己高见的教师，并且委托他们教授和教育儿童。这就是我对于文学和文学教师的见解。我的话到此打住。

克：好，先生。就我能从我们的最初纲领中做出的判断而言，我们尚未偏离我们开始讨论时的问题。但我们的总方针是对的，还是不对的呢？我认为这是难以确定的。

客：克列尼亚斯，我们常说，当我们完全结束了对我们的法律的解释时，那种事情也许就自然而然地变得比较清楚的。

克：完全正确。

15. 客：在谈了文学教师之后，的确，我们要说七弦竖琴手了，是吗？

克：当然。

客：现在，当我们给这些琴手分派教授这种乐器并给这一科目以总的指导的任务时，我想我们应该记着我们以前说过的路线。

克：你指的是哪条路线？

客：我们说过，我认为，60岁的狄俄尼索斯的歌手，应该是这样的人，他对旋律和构成和声的方法特别敏感，所以当面对着好的或坏的音乐演出以及由这些演出激起的情感时，他们也许能够选择基于好的演出的作品和抛弃基于坏的演出的作品。他们应该向全社会演出并歌唱好作品，为的是控制住年轻人的灵魂，鼓舞他们中的每个人让这些演出引导他们沿着导向美德的道路前进。

克：你绝对正确。

客：带着这个目的，看看竖琴手和他的学生必须如何使用他们的乐器来演出。借助于每根琴弦所弹出的独特的声音这一事实，他们必须使音符与音域上的歌词相一致。竖琴不应习惯于演奏一种精心创作的、不受任何约束的悦耳的音调，即是说，竖琴琴弦弹出的音调只是那些作曲家创作的调子，小的音程不应与大的音程相结合，快速不应与慢速相结合，低音不应与高音相结合。同样地，把竖琴的音调用来表现旋律中的变奏也是不允许的。所有这些不得让学生去做，他们应在三年里获得有用的音乐知识，而不是浪费时间，否则这种冲突与混乱会使学习变得困难。然而，年轻人首先应该是思想敏捷的学习者，因为他们有着许多事实上已为他们设置了的重要必修课程。随着讨论的进展，在适当的时候，我们将看到这些课程是什么。但所有这些音乐方面的事儿都得由负责教育的官员据其要点来控制。至于说到实际上的唱歌和歌词，我们以前已经解释过，合唱队指挥应该教授哪些曲调和语言风格，我们说过——记得吗？——这些东西要用来祭献，分别地配合相应的节日，通过它们所提供的欢乐而有益于社会。

克：你又一次说对了。

客：完完全全地对，一点不错。因此，这些都是被派做我们的音乐指导员的人必须采纳和实施的规则：我们希望他在工作上交好运，但我们必须补充我们原先的关于跳舞和一般体格锻炼的规则。我们已经在音乐的讲授中填补了空白，所以现在让我们用同样的方法来对待体格锻炼。当然，男孩和女孩都得学习跳舞和进行体格锻炼吗？

克：是的。

客：因此，如果我们为男孩提供男舞蹈教师，为女孩提供女舞蹈教师，为的是有助于训练，那是不错的。

克：同意。

16. 客：因此，我们现在再一次把儿童指导员召来，他是一个有着最艰难工作的官员，他负责音乐和体格锻炼两方面的工作，所以不会有许多闲工夫。

克：一位年龄较大的人怎么能监督这么多的事情呢？

客：没有问题，我的朋友。法律已经授权，而且不会撤回，给他任命他所挑选的男公民或女公民来做他的监督工作的助手。他会知道挑选谁，对他的工作的严肃的尊重和清醒的认识使他小心谨慎地不会选错人，因为他很清楚，只有当年轻一代已经受到并且继续受到正确的教育时，我们才会发现一切事情都进行得一帆风顺，反之，如果不是这样，那么后果就难以想象。在一个年轻的国家里，我们只得忍着这样做，这是出于对那些过分重视预言的人的尊重。

既然如此，关于这些题目我们也谈得很多了——我指的是舞蹈和一整套涉及体育训练的运动。我们正在创办用于一切军事体育训练的体育馆。这些训练有射箭、一般的投掷抛射物、小规模战斗、每种重装备战斗、战术机动、每一种行军、扎营，以及各种骑兵科目。所有这些科目都由公共教师来上，他们的薪水由公共基金中支付。这个国家的男孩和男人，还有女孩和女人都得去上他们的课，因为女孩和女人也应该掌握这些技能。女孩子必须练习每一种舞蹈和披甲作战，成年妇女必须掌握机动、战斗命令、放下武器和拿起武器。之所以这样做是因为，当需要全部军队离开祖国驻扎在海外时，儿童和其他百姓没有人来保护，妇女至少可以保护他们。另一方面，这是一件谁也不能保证不会发生的事情——假定一支庞大而有威力的军队，不管是野蛮人或希腊人，侵入了国土，为了国家的生存，要她们做殊死的战斗。如果妇女受到的教育非常糟糕，以致她们连雌鸟都不如（雌鸟为自己的雏鸟与极凶猛兽搏斗，准备冒每一种危险,甚至死亡），那将是社会的一场灾难。如果她们立即冲进神庙，聚集在所有祭坛和神龛周围，丢尽了人类声誉，使之成为一切生物中最胆小的生物，那又将如何呢？

克：老天在上，先生，如果这一切发生了的话，没有哪个国家可以免遭耻辱——除了所造成的损害之外。

客：所以让我们制定一项法律，其大意是，至少在某种程度上，女人不可以忽视战斗技术的教育。一切公民，不论男女，都得关心去获得这些技能。

克：至少我投赞成票。

客：现在来谈摔跤。我们部分地已经谈到过摔跤了，但我们没有描述过在我看来的最重要之点。但不容易找到很好的字眼来表运，除非同时有人提供真正的人体表现。所以我们将推迟对这一问题做出判断，直到我们能够用具体例子支持我们的说法，以及我们能检验我们已提到的各点中那些与我们的摔跤有关的体育运动。这些运动与战争所需要的运动关系最密切，特别是，为了战争的效果而练习摔跤，而不是为了培养较好的摔跤手。

克：至少在这一点上你是对的。

客：现在，让我们把到目前为止所说的当作关于摔跤对人类的价值的恰当评论来接受吧。用来表示整个人体都能得到锻炼的其他大多数运动的合适的名词是"跳舞"。跳舞必须分为正派的和不体面的两类。第一类表演体面的人们的动作，它的目的是产生庄严的效果；第二类模仿不文雅的人的动作，用低贱的动作表现它们。两者各有两个分支。正派一类的第一个分支表演置身于火热的战斗中的漂亮、勇敢的战士；第二个分支表演在一个繁荣的国度里享受适度欢乐的性格温和的人，这种舞蹈的自然名称是"和平之舞"。战争之舞根本上不同于和平之舞，它的正确名字是"庇尔喜克"。它描绘那些躲开各种打击和射击的动作（躲闪、退却、跳跃、蹲伏），它还试图表演相反的动作，当射箭、掷标枪和进行各种打击时采取较为进取的姿势。在这些显示优美体格和高尚品性的舞蹈中，如果在十分紧张的状态中身体保持直立而四肢几近伸直，那就是维持了正确的姿势。相反的姿势因为是不正确的，所以我们反对。至于和平之舞，我们必须在每个合唱表演者身上注意到，他如何成功地或糟糕地保持着良好法制教育下的人所具有的优美舞姿。这意味着，我们最好把可疑的舞蹈样式与我们无疑可以接受的舞蹈样式区别开来。那么，我们能界说这两者吗？两者之间的界线应该在哪里呢？"酒神舞"等舞蹈都是有问题的，因为，据舞者声称，它们"表现"喝醉了酒的人，他们叫他"尼姆甫"、"潘"、"西列尼"和"萨梯"。同时，这些舞蹈是在"涤罪"和"入门仪式"时表演的。它们作为一个集体，既不能叫作"和平之舞"，也不能叫作"战争之舞"，并且他们完全反对给它们贴上标签。我认为，最好的办法是把它们同"战争之舞"和"和平之舞"分开，并使它们自成一类。这种分类可能使一位政治家因为不是分内事而被忽视了。这使我们有权把它们放在一边并退回到和平之舞与战争之舞。这两类无可否认是值得我们注意的。

现在，不喜战斗的缪斯女神怎么样呢？她所领导的、为了纪念众神和众神儿女的舞蹈，将组成一个怀着健康的情绪来表现的大舞蹈类型。由此获得的感觉有别于以上两种，它们也可再分为：（1）那些摆脱了烦恼和危险而进入幸福状态的人所感觉到的特别热切的欢乐；（2）那些过去的好运不仅继续存在而且还在增长的人的比较平静的欢乐。现在，试看处于这两种状态中的任何一种的一个男人。他的快乐越多，他的身体动作就越轻快；较有节制的欢乐使他的动作相应地较不轻快。再有，这个人的性情越是温和，他所受到的训练越是刻苦，他的举动就越是经过深思熟虑；另一方面，如果他是个胆小鬼并且没有受到过表示节制的训练，那么他的行动就比较粗野，表情就变得比较激烈。总而言之，当一个人出声说话和唱歌时，他发现很难使他的身体保持平静的状态。这是整个舞蹈艺术的起源：姿势表示一个人正在说什么。我们中的有些人使姿势总是与我们的说话协调起来，但我们中的有些人却办不到。事实上一个人只对许多古时候留传下来的其他名词有所反应，它们因为其适用性和准确性而受到称赞。有一个描绘着享受繁荣的人所表现的舞蹈，这种人寻求的是有节制的欢乐。把这些歌词与舞蹈动作配合得准确无比、天衣无缝的人，肯定是位真正的音乐家。他非常切合实际地把所有这些舞蹈叫作"爱弥列爱"，并且确立了两类公认的舞蹈，"战舞"（他管它叫"庇尔喜克"）和"和平之舞"。这样，他就给了每一种舞蹈以恰当的和合适的名称。立法者应该给它们一个大纲，法律维护者应该知道在什么地方可以找到它们，一旦找到之后，就应该把舞蹈同别的音乐要素结合起来，并把它们分配给所有假日，确定哪一种舞蹈适合于哪一种祭献。在这样把全部舞蹈分配于祭献之后，从此，无论在跳舞或唱歌方面都不得有所改动。同一个国家和同一些公民（他们尽可能全是同一个种族的人），应该用同样的方式享受同样的欢乐。这是幸福和神圣的生活的秘密。

这就是关于拥有优美的身体和高贵的灵魂的人们在我们已描绘过的合唱表演中如何动作的讨论的结论。至于表现丑陋身体和灵魂的演员，是用对话、唱歌、跳舞等表演来产生的滑稽效果，对此我们不能不予以注意和考察。对某个想获得明智的判断力的人来说，他要学到事物的严肃的一面，就不能不学其可笑的一面，或者实际上没有事物的对立面就无法理解事物。但要是我们想得到美德，哪怕是一丁点儿，我们也不能既严肃又滑稽，显然，这就是为什么我们必须学会认识滑稽，而避免由于我们对滑稽无知而在不需要它的时候做出或说出荒唐可笑的事儿来。模仿这种荒唐可笑的事情应该留给奴隶和受雇用的外国人，任何人都不得认真地去从事这种模仿，任何男女公民都不得被发现在学习这一套。各种表演应该经常包含有某种新奇的东西，这种引起笑声的表演，我们大家都叫它"喜剧"，有了有关的法律和解释之后，我们就可以把它放在一边了。

但说到我们的"严肃"诗人（像人们所说的）、悲剧作家，那怎样呢？如果他们中有人到我们这里来并问我们这样的问题："先生们，我们可不可以到你的国家来？我们可以随身带我们的作品吗？关于这方面你们的政策怎样？"我们怎样正确地回答这些天才人物呢？我认为是这样："最尊敬的客人，我们自己都是悲剧作家。我们悲剧作品都是我们能够创作出来的最好作品。不管怎么说，我们整个国家的建设是一种'演出'，它表现的是一种最好和最高尚的生活——我们认为的真正悲剧的本身。所以我们是像你们一样的诗人、构成同一种类型，你们的作曲家、艺术家，以及在最好的戏剧中的演员，只有真正的法律才具有自然的力量使其'产生'并臻于完善（这一点我们是十分自信的）。所以不要轻率地认为我们会冒冒失失地答应你们在市场上搭起舞台，让你们演员的好嗓音压倒我们的演员的声音。你不要认为我们将容易地让你们对儿童们、妇女们和全体公众做公开的讲话，虽然说的是跟我们所说的同样的事情，但对待它们的态度却完全不同，实际上，在大多数情况下跟我们的说法正是相反的。在当局做出你们的作品是不是适宜于向公众朗诵和表现之前，如果允许你们做刚才描述的事情，那我们——我们，乃至任何城邦都完全疯了。所以，你们这些妩媚的缪斯女神的儿孙们，首先把你们的诗歌交给当局，由官员们把它们同我们的诗歌做比较，如果你们的作品与我们的同样好，或者比我们自己的更好，那么我们会让你们演出你们的戏剧，但如果不行，朋友们，我们决不会让你们演出。"因此，在总体上考察了合唱表演和对其部分的学习的问题之后，习俗应同法律联起手来以不同的方式对待奴隶们和他们的主人，不知你们是否同意？

克：就目前的情况而言，我们怎么会不同意呢？

17.客：对男子汉来说，还有三门相关的课程：（1）计算和对数字的研究；（2）线、面和立体的量度；（3）循着自身轨道运行的天体的相互关系。这三门课程一般公众不得研究，哪怕是一个细节，只是被选出来的少数人要学（他们是谁，在适当的时候，即我们的讨论即将结束时我们要谈到）。普通人怎么样呢？在人们十分正确地叫作"必需的基本原理"的含义上说，他们不懂这些课程当然是一种羞耻，但要他详尽地研究整个课程是困难的，不可能的。但我们不能逃避基本的课程，这大概也是那个制造关于上帝谚语的作者的意思，至于"即使是上帝也不能违背必然性"这句谚语的效果，我认为，这是指的神圣的必然性。因为假如把它解释为是有关道德领域内的必然性的话，正像许多人在引用它时所指的那样，那么它就是所有谚语中最天真的了。

克：那么，先生，是哪种神圣的而不是其他的必然性关系到这里的研究呢？

客：我认为是这样一些：对每个神、精灵或负责人类事务的英雄，有些理论和实际知识总是必不可少的。一个人如果不认识1、2、3或一般的平均数，不完全懂得怎样数数，或合计白天和黑夜，不知道太阳、月亮和其他天体的运行，那不管怎么说，他离开这种神圣的标准是很远的。一个期待从这些最高知识科目中取得哪怕一丁点儿进步的人竟然可以无视所有这些课程，那可是愚蠢到极点的。但这些课程中哪些部分应该学，学到什么程度，什么时候才学呢？哪些题目必须结合起来，哪些题目必须分开呢？两者如何综合起来呢？这些是我们必须回答的第一批问题，而后随着这些引导我们的入门课程，我们就可以向其余课程推进。这正是必然性发挥其威力的自然过程，我们认为，对此，众神现在不反对，将来也永远不反对。

克：是的，先生，你的这些建议，显然是自然的和正确的。

客：克列尼亚斯，这些当然是自然的和正确的，但这种初步的陈述难以采取法律形式。如果你喜欢，我们将把较清晰的立法延到以后。

克：先生，对我们来说，你好像被我们乡下人通常忽视这种事情的方式所吓住了。但你的恐惧是完全没有根据的。所以请告诉我们，你想些什么，一点也不要隐瞒。

客：由于你说的原因，我的确被吓住了，但使我更惊讶的是那些确实在从事这种研究但却采取了错误态度的人。对全部领域无知绝非危险或灾难；对一个课程知道得详尽无遗，但却教学无方，破坏性才大得多呢。

克：你说得对。

18. 客：所以我们必须坚持，男子应该学习这些课程中的每一门，其水平必须达到许许多多埃及儿童所达到的。埃及儿童在学会读写的同时获得了这些知识。为娃儿们设计的计算课，是在他们游戏的时候进行的：他们把一定数量的花冠或苹果在大大小小的群体中分配，把拳击手和摔跤手按照自然顺序轮流地或依次序地分为单和双。另一种教师和儿童们所玩的游戏是把金碗、铜碗、银碗和其他各种碗混杂在一起，或者是把整套的一种东西拿来分配。这样，正像我所指出的，他们把基础算术作为他们学生的游戏的一个内在的组成部分，于是他们得到了有用的指导以便将来集结、指挥和部署一支军队或者管理一个家庭，总之，他们把儿童培养成为比较警觉和足智多谋的人。此外，教师教孩子们量长度、量面积、量立方体，这是把儿童从根深蒂固的无知天性中挽救过来的一种学习。这种无知是人人都有的，既滑稽又令人震惊。

克：你特别指的是哪一种无知？

客：我亲爱的克列尼亚斯，我甚至费了非常长的时间来揭示人类在这方面的困境。我这样做时，我被震惊了，我几乎无法相信，人类会愚蠢到如此地步。我不仅为我自己脸红，更为全体希腊人脸红。

克：为什么会这样呢？先生，请继续告诉我们你要说些什么？

客：我会说的，或者确切地说，我将通过向你们提几个问题来加以说明。这里提一个简单的问题：你知道"线"是什么？

克：当然知道。

客：非常好。那"面"是什么呢？

克：当然也知道。

客：你们认为，这两者是两种不同的东西，而"体积"是第三种东西，是吗？

克：当然。

客：你认为这三者可以通约的吗？

克：是的。

客：我认为，一种长度实质上可以用另一种长度来表示，一个面可以用另一个面来表示，一种体积可以用另一种体积来表示，是吗？

克：的确。

客：好，如果这三者中的某一种不能这样"精确地"或"近似地"来表示，那将如何呢？尽管你们认为这三者都是可能的，但如果有的可能，有的不可能，那你现在对这一问题有什么想法呢？

克：显然它们是无用的。

客：线、面对体积的关系如何？或者面、线相互间的关系如何？我们所有的希腊人不是把它们看作在某种意义上是通约的吗？

克：我们当然这样认为。

客：但正像我所说的，如果我们所有希腊人都相信这三者是通约的，而它们实际上是不通约的，那么有人最好是对这些人说下面的话（为了他们的所作所为得红一会儿脸）："既然如此，希腊人中最尊敬的人，这是我们说过的不懂它就应感到可耻的课程之一，尽管知道了其基本知识并不就能十分骄傲，是吗？"

克：当然。

客：现在有一批附加的和相关的问题，它们都是产生类似于我们所说的那些错误的温床。

克：哪些问题？

客：通约和不通约之间的真正关系。如果在考察时我们区别不出它们来，那么我们一定是非常可怜的人儿。这些都是当我们有足够的时间正确对待它们时，我们应该以竞争的心态继续相互提供的问题。对老年人来说，这种消遣要比下跳棋文明得多。

克：也许如此。请想一想，下跳棋与这些研究并没有根本的不同。

客：好，克列尼亚斯，我认为这些课程都是年轻一代应该学习的。它们没有危害性而且不十分难学，它们可以在游戏中学到，决不对国家有害处，它们对国家总有些好处。但如果有人不同意，我们就得听听他的理由。

克：当然。

客：既然如此，如果这些活动被证实是有效果的，那么显然我们将批准它们；如果它们使我们大失所望，那么我们将予以反对。

克：显然如此，毫无疑问。

客：既然如此，先生，所以我们的法典将会没有漏洞了。我们把这些课程看作向往中的全部课程的一个既定而又独立的部分。独立是指独立于国家框架的其余部分，可以像"抵押品"那样"被赎回"，万一这些安排满足不了我们这些存放者或你们这些受抵押者的话。

克：是的，这是对它们的公平的描述方法。

19. 客：接下来，我们探讨天文学。你们赞成不赞成给年轻人教这门课？

克：请告诉我们你怎样想的。

客：有一件非常奇怪的事的确是十分不能容忍的。

克：什么事？

客：我们通常说，关于最高的神和宇宙方面，我们不应该动足脑筋去寻找说明，因为这是一种不敬神的行为。事实上，相反的情况才显然是正确的。

克：你指的是什么？

客：我的话会使你吃惊，你们可以正确地认为，这些话不宜出于一个老人之口。但要对一门学科保持沉默是完全不可能的，如果人们相信这门学科是高尚的和真实的，对社会是一种福祉并被神所喜爱。

克：理由充足，但对于什么样的天文学我们才能说出上述评价呢？

客：我亲爱的朋友，在今天，几乎我们所有希腊人都不公正地对待两位伟大的神——太阳神和月亮神。

克：错在哪里呢？

客：我们说，太阳和月亮以及同它们一起的其他一些天体，它们的运行轨道决不是同样的。因此我们给它们取名叫"行星"。

克：天哪，先生，这是绝对正确的。在我的一生中，我往往亲眼看到晨星和晚星，还有许多别的星星，它们可从来没有在同一条轨道上运行，而是彼此相距很远。我们大家都知道，太阳和月亮总是那样运行的。

客：梅奇卢斯和克列尼亚斯，我现在坚持，我国公民和年轻人都应该学习天上众神的这些事物，以便充分地了解它们全体而避免亵渎，并在他们祭献和虔诚地祈祷时使用恭敬的语言。

克：非常正确。如有可能，首先要获得你所说的那种知识。假定考查能够使我们改正我们现在陈述中的错误，那么由于这门学科的崇高和重要，我也同意这门学科是一定要学习的。所以，尽你所能使我们信服你所说的理由，并且我们设法听从你和接受你说的事情。

客：我的论点并不是人人容易接受的，但也不是过分地难，不需要花很多功夫，我将尽我所能缩短为证明这一点而做的解释。当我不再年轻的时候——尽管不是很久之前，我就听说过这一点了。如果这门学科很难，我就无法对你们说明它，因为我们大家都老了。

克：你说得对。但你说的这门学科是如此地神奇，如此地适宜于年轻人学习，而却尚不为我们所知，这是什么原因呢？请你尽可能清楚地至少把你所知道的一切告诉我们。

客：是的，我会这样做。我亲爱的朋友，说月亮、太阳和其他天体实际上在"徘徊"的信念是不正确的，显然实际情况恰恰相反。说真的，它们中的每一颗都各自永远沿着一个精确的固定轨道运行，尽管事实上运行轨道的外形是始终变化着的。此外，运行最快的天体被错误地认为是最慢的，反之亦然。所以，如果事实是如上所述，并且我们弄错了，那么我们并不比奥林匹克运动会上的那些观众好。要是他们说，比赛中最快的马或者长距离赛跑中跑得最快的选手是跑得最慢的，而最慢的倒是最快的，并且写出了颂词和歌曲把失败者当成胜利者来歌颂。我认为，这样对赛跑者的赞扬一点也不妥切，也不值得受到欢迎，要知道他们只不过是人呀！在奥林匹克运动会上所犯这种错误纯属可笑之至。但对我们今天所犯的类似的神学上的错误，我们该怎样想呢？这种错误一点也不可笑，它当然使众神感到不愉快，因为我们散布有关他们的错误传闻。

克：的确如此，如果你正确地陈述了事实的话。

客：因此，如果我们能证明我确实是正确的，所有这些课程就应该学到所指定的水平，但如果证明不了，就随它们去吧。我们可以把这作为约定的方针吗？

克：当然。

20. 客：所以，现在正是适宜于停止我们调整教学课程中所学科目的时候，我们转而注意狩猎和其他所有的事情。这方面，我们也应该采取与以前同样的做法，因为一个立法者如果简简单单地制定法律而放弃了其他事情，他的职责就没有完成。他在立法之外必须提供另外的某种东西，这种东西就性质来说介于告诫和法律之间的真空地带。当然，这一点是我们在谈论时，比如谈到幼儿训练时我们所经常碰到的。我们认为，这些事情不应当不受注意，但认为这些事情都须被制定为法律，那就愚不可及了。即使真正的法律和完整的政治制度因此而用正式的文字写了下来，当某个人宣称他尽其所能为法律效力并且服从法律，说他是一个好人的时候，据此赞扬这个公民具有崇高的美德是不完全的。如果说一个人尽其一生坚持不懈地服从立法者在立法、赞美和谴责方面写下的书面文字，那么这是一种更完全的赞扬，这是对一个公民的更正确的赞扬。立法者的真正工作，不仅是写下他的法律，而且是把法律混合在解释中：什么是他认为要尊重的，什么是他不认为要尊重的，并且一个完善的公民必须受到这些准则的束缚，不亚于受法律所支持的那些准则的束缚。

我们可以援引我们现在的课程作为证据来更清楚地说明这一点。即便根据现在的理解，"狩猎"这个词儿包括范围很广的活动。而大部分的这类活动都只用这个词儿。猎取水里的动物有各种各样方法，猎取天空中的鸟和生活在陆地上的动物，也同样方法繁多。不仅仅是野兽，我们还考虑到猎取人，不单单在战争中捕获敌人（例如强盗的袭击和军队追击军队），而且有"狩猎"情侣，人们由于许多不同的原因去"追击"猎物，有些原因是令人赞赏的，有些理由则是令人憎恶的。当立法者制定他的关于"狩猎"的法律时，他不能对所有这一切不做解释，但也不可能制定一套对一切情况都采取裁决和惩罚办法的威胁性规则。那么我们打算如何处理这类事情呢？立法者要自己问自己："这是些对年轻人来说合适的训练和活动吗？"接着就赞成或谴责各种形式的狩猎。至于年轻人，在他们这一方，他们必须听从并服从立法者，不能被欢乐引诱或被强大力量所威慑，他们应该较多地注意实施那些热切的建议，而不是注意于正式法律的详细规定的威胁和惩罚。

有了这些准备，我们现在可以正式赞成或不赞成各种狩猎方式，推荐对年轻一代有好影响的形式，而谴责其他种类的形式。所以让我们继续同年轻人谈话，并且怀着这样的理想主义心情向他们说："朋友们，我希望你们不要因某种希望或热情的引诱去钓海里的鱼或捕猎水中的动物。不要求助于鱼篮。一个懒汉，无论在他睡时或醒时都是用鱼篮去捕鱼的。我希望你们决不要受惑于到公海上抓人或当海盗，这会使你成为残忍的猎人和亡命之徒。我们甚至于决不希望你们在城乡做贼。任何一个年轻人都不应该受惑于一种设陷阱捕鸟的幻想。丢掉这种不文明的希望吧！陆地上的动物只让我们的身强力壮的人去捕猎。现在有时用所谓'夜猎'的方法来捕猎，参与者都是些坏蛋，他们在鸟类入睡时捕捉它们。这种猎取不应推荐，也不是劳余休息时间应该做的，因为只是依靠网和陷阱去战胜野兽的蛮力，而不是靠战斗去取胜。所有希望培养'神圣'的勇气的人，只剩下最好的一种狩猎类型：借助于狗和马和你们自己的努力去捕获四条腿的动物，当你捕人和征服你所有的猎物时，则要用追逐和打击，用武器向它们猛掷。"

这篇讲话可以看作是我们在整个事情的贬褒方面的一个解释。下面是真正的法律：（1）没有人可以妨碍真正是神圣的猎人用狗来狩猎，不管他想在什么时候和怎样猎捕。无论何时何地都不允许夜猎者猎取猎获物，因为他们靠的是网和陷阱。（2）捕鸟者在休耕地上或山边捕鸟并不受到限制，但过路人应该制止他在耕地或神圣土地上捕鸟。（3）渔夫允许在港口和圣河、圣池、圣湖之外的任何地方钓鱼，只要他不用不洁的液汁把水弄脏。这样，到现在为止，我们关于教育的规则该说的都全说了。

克：你所说的使人豁然！

【导读】

教育的基本问题——教育内容与教育方法的讨论是实现教育思想或者说教育理想的关键，因为"怎么办"的问题或者说实践的问题才是决定"是什么，为什么"理性思辨的逻辑目的！本卷的核心其实是"立法"——将正确的教育内容与教育方法用法律的形式成为行为规范，目的还是旨在培养合乎城邦需要的公民！

第十二卷[1]

【文本简析】

……

第1节，"更高程度教育"的提出；第2节，"更高程度教育"的内容：智慧、

[1][古希腊]柏拉图著，张智任、何勤华译.法律篇[M].上海：上海人民出版社，2001.422—428.

勇敢、节制、正义。

【原文节选】

……

1.客：不言而喻，国家本身相当于胴体，因其天赋和敏锐的思想直观而被选中的年轻的保护者们则居于头脑的顶部而俯视着整个国家。在视察的过程中，他们记下看到和听到的所有事情，并作为汇报人把国内发生的事全部向年长者汇报。我们可以把年长者比作理智，因为他们在许多重要问题上显示出过人的智慧。他们借助于年轻人关于有争议的政策的帮助和建议，因此，这两者的结合有力地保证了整个国家的安全。怎么样，这是不是我们希望看到的那种组织，还是尚有其他组织？实际上，一个国家是否应该将其公民保持在同一水平上，决不给哪个人以特别的训练和教育呢？

克：我亲爱的先生，那太不现实了！

客：那么，与以前叙述的教育相比，我们必须进一步谈谈某种更高程度的教育。

克：或许是的。

客：那么，我们刚刚涉及的教育又如何呢？它能满足我们的要求吗？

克：当然能。

客：我们不是说过：无论在什么领域中，一个真正技术娴熟的工匠或保护者必须不仅能看到某个事物的许多单独的方面，而且充分掌握某个中心概念的知识，并在此基础上把各个细节置于整体画面的合适位置上。

克：我们是这样说的，而且也说对了。

客：因此，对于一场深入的调查而言，有什么工具能比超越形形色色的事例和直观单独的概念这一本领更好呢？

克：大概是没有的。

客："大概！"不，我亲爱的朋友，无论我们是谁，这都是我们能够追寻的确定的路线中最为应当的。

克：我相信你的话，先生，也同意你的观点。那么，以此为基础，让我们的对话继续进行吧。

2.客：因此，看来我们不得不要求我们神圣基础的保护者们去掌握贯穿于所有四种美德中的共同要素的确切概念。这一要素虽是单一的，但却可以在勇敢、节制、正义和智慧中找到，并且，在我们看来，它因此而配得上"美德"这一普遍名称。这一元素，朋友们，只要我们有此意志，就是我们目前必须紧抓不放的东西，并且在我们充分地搞清楚我们必须予以考虑的本质之前，我们丝毫不能松懈，无论它是单一的或复合的实体，或两者都是，或者是其他的什么东西，我们都应如此。如果这一点难倒了我们，我们能指望得到美德吗？因为我们既不知道它是由为数众多的事物组成的，还是仅仅有四个部分，也不知道它是否是一个整体。如果我们相信自己的忠告的话，就永远也不要半途而废，而且，无论如何，我们将不得不采取某些其他的手段来促进国内的美德的加强。但如果在某些情况下我们决定应该放弃整个的思考，那么我们就必须那样做。

……

克：怎么会这样呢？该如何让我们理解这一观点呢？

客：首先，不用说，应该制作所有在年龄、智力水平、道德品行和生活作风等各方面都适合于守卫者这一职务的人的名册。接下来的问题是他们应该学习什么。一个人很难自己找到答案，而且发现已经找到了答案的人并向他学习也不容易。此外，制定有关各门课程以何种顺序安排，在每门课上应花多少时间的书面法律条文是纯粹的浪费时间，因为在完全掌握一门知识之前，即便是那些学生也不知道为什么会在学习过程的特点之上获得该种知识。所以尽管把所有这些细节当作是不可侵犯的秘密是错误的，但说它们不可事先泄露却是公允的。因为，再多的泄密也无法给我们正在探讨的议题以丝毫启示。

克：那么，先生，事到如今，我们究竟应该怎么办呢？

客：我的朋友们，我们应像谚语中所说的那样"亲自试一下"。如果我们以整个国家制度的命运为赌注，押宝于"三个六"或"三个一"上，那么这将是我们别无选择的事。我将通过详细地阐述我自己关于训练和教育的观点来分担部分风险，这两者是我们正准备重新详细探讨的课题。无论如何，这一风险是巨大的和独一无二的。因此，克列尼亚斯，我请你接手这一工作：建立名为马格尼西亚（或其他任何神为它所起的名字）的国家，而且如果你成功了，那么，你将获得巨大的荣誉，无论如何至少你会被尊为勇者，这一点会让任何后继者都相形见绌。我的好朋友们，如果我们的这一奇妙的议事会得以组成的话，那么国家必须交由它来管理，而且实际上没有哪位现代的立法者会反对我们。此外，我们刚才提到过的把头脑与理智结合起来的隐喻是最为理想化的梦想，但这梦想完全有可能变成现实，只要我们精心选拔议事会的成员，给他们以适当的教育，并在受过教育之后，入主我国的要害部门，成为保卫者。他们的保卫能力之高超是我们一生中从未见过的。

梅：亲爱的克列尼亚斯，从我们所听到的一切来看，我们要么被迫放弃建国的计划，要么不要让我们的客人离开，并且用祈求和所有我们能想到的办法挽留他作为建立国家的同伴。

克：你说得完全对，梅奇卢斯。我也想这么干，请你也帮助我。

梅：好，没问题。

【导读】
教育的最高目标是人，是人的美德！

三　亚里士多德

（一）亚里士多德的生平与生活时代

亚里士多德（Aristotle，公元前384—公元前322）出生于希腊北部色雷斯的斯塔基拉城。父亲是马其顿国王的御医。他生活在一个对科学和哲学有着浓厚兴趣的家庭，并有机会经常与当时的领导人物和智者接触。在儿童和青年时期，他不但跟随父母及地区最优秀的教师学习，还师从到家做客的朋友和拜访者。这无疑启发了他早期的智慧和能力，为日后的发展奠定了坚实的基础。公元前367年，亚里士多德到希腊的文化中心雅典，先从师于艾索克拉底，后入柏拉图的学园学习，在那里学习了20年，直至老师柏拉图公元前347年去世。由于他勤奋刻苦，涉猎广泛，很受老师柏拉图看重，被誉为"学园的精英"。可是柏拉图又说："要给亚里士多德戴上缰绳。"意思是说，亚里士多德非常聪明，思想敏捷，不同于一般人，如果不加以管教，就不能成为柏拉图所期望的人。亚里士多德很尊敬他的老师，但是，在很多问题上，他又有着自己独立的思考和见解。他曾说过这样一句话："我爱我的老师，但是我更爱真理。"在学园里，亚里士多德经常和柏拉图争论，有时候，会把老师问得答不上来。后来，亚里士多德终于抛弃了柏拉图的许多唯心论观点。柏拉图去世后，由于学园的新首脑比较同情柏拉图的唯心学说，令亚里士多德无法忍受，便离开了雅典。

离开学园后，亚里士多德接受了先前的学友赫米阿斯的邀请访问小亚细亚，还在那里娶了赫米阿斯的侄女为妻。三年后（公元前343年），亚里士多德又被马其顿的国王菲利浦二世召回故乡，成为当时年仅13岁的马其顿王子即后来的亚历山大大帝的家庭教师。据记载，亚里士多德对这位未来的世界领袖灌输了道德、政治以及哲学的教育。亚里士多德运用自己的影响力，对亚历山大大帝的思想形成起了重要的作用。正是在他的影响下，亚历山大大帝始终对科学事业十分关心，对知识十分尊重。但是，亚里士多德和亚历山大大帝的政治观点或许并不是完全相同的。前者的政治观点是建立在即将衰亡的希腊城邦的基础上的，而亚历山大大帝后来建立的中央集权帝国对希腊人来说无异是野蛮人的发明。

公元前 335 年菲利浦去世，亚里士多德又回到雅典，并在那里建立了自己的学校吕克昂学园，在此讲学、研究、著述共 13 年，直至终老。亚里士多德讲课时有个习惯，即边讲课边漫步于走廊和花园，正是因为如此，学园的哲学被称为"逍遥的哲学"或者"漫步的哲学"。主持吕克昂学园的十多年，是他一生中的辉煌时期。他在学术及教学领域均取得了巨大的成就，而吕克昂也因之成为希腊科学发展的中心之一。亚里士多德的著作在这一时期也有很多，主要有逻辑学方面的《工具论》、哲学方面的《形而上学》、《灵魂论》，自然哲学方面的《物理学》、《论天》、《动物志》，政治伦理方面的《政治学》，文学方面的《诗学》、《修辞学》等。他的作品很多都是以讲课的笔记为基础，有些甚至是他学生的课堂笔记。因此有人将亚里士多德看作是西方第一个教科书的作者。

亚历山大死后，雅典人开始奋起反对马其顿的统治。由于和亚历山大的关系，亚里士多德不得不因为被指控不敬神而在公元前 323 年逃亡避难。一年之后，即公元前 322 年，亚里士多德在优卑亚岛去世，享年 63 岁。去世的原因是一种多年积累的疾病所造成的。关于他被毒死，或者由于无法解释的潮汐现象而跳海自杀的传言是完全没有史实根据的。

黑格尔称亚里士多德是"从来最多才最渊博（最深刻）的科学天才之一"和"人类的导师"。恩格斯称亚里士多德"已经研究了辩证思维的最主要的形式"。亚里士多德的研究涉及哲学、伦理、逻辑、政治、心理、物理、生物、解剖、诗学、修辞学等众多领域。他的著作有 400 卷（一说有 1000 卷），现在仅存四分之一，且有后人的增删、编纂。

（二）主要教育思想

1. 教育观

（1）教育目的和作用

亚里士多德认为，教育事业应该是公共的而不是私人的。教育是国家的事业，教育应该由国家控制，受国家监督管理。在他看来，既然国家具有一个目的，显然一切人就应该受到同一的教育。他批评当时存在的有人只分别地照顾自己的儿童，给予自以为最适合于他们的教育现象，指出："凡与共同利益有关的事物，大家都应受到相同之训练。我们也不应当以为任何一个公民是属于他自己的，因为他们都是属于国家的，人人都是国家的一分子。所以，对于各个分子之照顾与对于全体之照顾是分不开的。"教育的最终目的就是达到要培养统治者和全体公民的德性，使国民追求真理，立法者应首先注意少年儿童的教育。他十分称赞拉西第蒙人（斯巴达人）对儿童教育的重视，并且使教育成为国家的事业。

亚里士多德在肯定教育对国家社会作用的同时，还对人的自然素质及其潜能、环境的影响和教育在人的发展过程中的作用进行了深刻的探讨。他说："人类除天性与习惯外，尚有理性。由于天性、习惯和理性不能经常统一，这就必须使他们互相调和。倘若理性说服了人们该去做什么，人们常能做出许多违反习惯与天性的事情。我们已经确定了哪些天性是最容易借立法者之手而形成的，其他都是教育的工作。我们学习世事有些是通过习惯，有些是通过教导。"他要求人们看到自然给予的力量，就如同每一种物质都存有潜在发展的可能性一样，人同样也具备自然赋予发展能力的胚芽，这种胚芽的发展要赖于教育。亚里士多德指出，由于自然已将三种灵魂统一起来，那么教育就应该遵循人的自然发展的原则，把体育、德育和智育密切结合，使受教育者得到和谐发展。亚里士多德是西方教育发展史上，最早提出教育要适应人的自然发展的一位教育思想家。

（2）人的特性

在《政治学》中，亚里士多德论述了人之所以为人、人区别于动物的特性，也就是人的本质。

①人的社会性

亚里士多德认为，人类自然是趋向于城市生活的动物（人类在本性上也正是一个政治动物）。人不可能脱离社会而离群索居。凡隔离而自外于城邦的人，或是为世俗所鄙弃而无法获得人类社会组合的便利或因高傲自满而鄙弃世俗的组合的人，他如果不是一只野兽，那就是一位神祇，而唯独不是人。"人类生来就有合群的性情，所以能不期而共趋于这样高级（政治）的组合。"[1]另一方面，社会又是由个人组成的，没有个人也就没有社会，正是因为有了各种不同的人的组合，才形成社会。亚里士多德认为，组成一个城邦的分子却必须是品类相异的人们，各以所能和所得，通工易事，互相补益，这才能使全邦的人过渡到较高级的生活。这说明任何个人都不能离开其他人而单独生存，个人与个人都是相互需要、相互依赖的。不同品类的人们各尽自己的功能来有所贡献于社会，也从别人对社会的贡献中取得应有的报偿。这种通工等偿的原则，正是城邦增进福利的基础。

②人具有理性

区别于动物的另一特征表现为人乃是具有理性的动物，而其他动物则顺应其天赋（本能）而行动。亚里士多德认为，人类的某些自然品质，起初对于社会是不发生作用的。积习变更天赋。人生的某些品质，及其长成，日习熏染，或习于向善，或习于从恶。人类以外有生命的物类大多顺应其天赋以活动于世界，其中只有少数动物能够在诞世以后稍稍有所习得。"人类除了天赋和习惯外，又有理性的生活，理性实为人类所独有。"[2]人类对此三端必须求其相互间的和谐，方才可以乐生遂性，而理性尤应是三者中的基调。人们既知理性的重要，所以三者之间要是不相和谐，宁可违背天性和习惯，而依从理性，把理性作为行为的准则。

因为理性为人类所独有，所以唯有人能分辨善恶，动物则没有这种分辨能力。亚里士多德说，人类所不同于其他动物的特性，就在他对善恶和是否合乎正义以及其他类似观念的辨认，这些都由言语为之互相传达，而家庭和城邦的结合正是这类义理的结合。

人类虽独具理性，但人和动物之间并无不可逾越的鸿沟。动物永远不能

[1][古希腊]亚里士多德著，吴寿彭译.政治学[M].北京：商务印书院，1983.9.
[2][古希腊]亚里士多德著，吴寿彭译.政治学[M].北京：商务印书院，1983.385.

成为人，人则可因其丧失理性而沦为动物。亚里士多德认为，人类由于志趣善良而有所成就，成为最优良的动物；如果不讲礼法，违背正义，则堕落为最恶劣的动物。亚里士多德的这一见解和中国先秦教育思想家谆谆告诫人们要注意人和禽兽之间的分别的观点可谓殊途同归。

（3）教育年龄分期

在西方教育史上，亚里士多德首次提出并论证了教育要适应儿童自然天性发展的思想，并以之确定了教育的年龄分期，对各年龄阶段教育的要求、组织、内容和方法等措施提出具体意见，要求成人应根据儿童年龄特征对其进行教育。他认为人不同于其他动物，身心具有做人的某种特性。因而只有遵循这种特性，教育才能卓有成效。他把一个人从出生到 21 岁期间受教育的年龄按每 7 年为一自然阶段划分为三个时期：从初生到 7 岁为第一个时期；从 7 岁到14 岁为第二个时期；从 14 岁到 21 岁为第三个时期。

①第一个时期，即 7 岁前，相当于学龄前幼儿教育阶段

为了培养健康的下一代，亚里士多德主张实行优生优育的政策，并提出以下主张：*a*. 以法律规定婚配制度，保证在最宜于生育的年龄生育健康的下一代。*b*. 已婚夫妇要受教于医师和自然学家，学习生育知识。*c*. 注重孕妇的保健。孕妇要注意自己的身体，进行经常的操练，但不宜过于劳累；要摄取富于滋养的食物，保持安静的情绪；此外应实行人口控制，如胎婴超过规定的数额，即要实行人工流产。

婴儿出生以后，食物对他们体力的影响甚大。乳类最适宜于儿童身体的发育，故宜多食。儿童应戒饮酒。应及时诱导儿童做适宜于他们肢体的各种活动，让小儿尽早训练成耐冷的习惯是有益的。凡在儿童身上可培养的习惯，都应及早开始，然后渐渐加强这些训练。他认为这个年龄段的儿童应在家中受教育，以儿童身体的自然发育成长为主。认为婴儿出生后的抚育方式对其体力发展有很大影响。因此，父母亲应首先注意对儿童的抚育。母亲要亲自抚养婴儿，亲自哺乳，让幼儿吃"含乳分最多的食物"，注意饮食营养。根据幼儿好动的特点，循序渐进地组织其进行锻炼，但是不教任何功课，也不强迫从事任何劳作，还主张通过游戏以及忍受寒冷的锻炼来促进身体活动，保护脆弱的肢体免受损害。教师和父母应对儿童的活动进行指导、做出安排。活动量要适中，锻炼要循序渐进。他之所以注意儿童早期的身体锻炼，是基于"自由民"

子女将来要"善于参战"、立法者必须按照自己的意志形成初生幼儿体格的思想。另外，他还认为从小对儿童进行忍受寒冷的锻炼，利于体质的增强，意志的形成以及对未来服兵役时残酷环境的适应。5 岁以前，不要教孩子任何功课，可安排他们游戏和娱乐。儿童的游戏既不要流于卑鄙，又不要劳累。也不应内含柔靡的情调。负责这一职司的官员（即教育监导）要注意慎选讲给儿童听的故事和传奇。儿童的号哭有助于扩张肺部，有益于儿童的发育。教育监导应注意儿童的日常生活的管理，应注意周围的环境影响，任何卑鄙的见闻都可能养成不良的恶习。立法者要负责在全城邦杜绝一切秽亵的语言。人如果轻率地口出任何性质的恶言，他就离恶行不远了。对于儿童，应该特别谨慎，不使听到，更不使出口任何恶言。凡不顾一切禁令仍然发作秽亵的语言和举动者，必须予以惩处，也不应让儿童接触秽亵的图画展览和秽亵的戏剧表演。

5 岁以后，即可开始课业学习，但不宜过重，以免妨碍身体发育。这一时期，仍应保证有充分的活动和游戏。要多听有益的故事和神话，尤要注意儿童教养情况，留心使他们尽可能少地沾染各种不良习气，避免接触下流形象和语言。

②第二个时期，即 7 岁到 14 岁，相当于初级阶段的学校教育

他在《政治学》八卷中说明，此期教育的任务是以情感道德教育为主，发展非理性灵魂，让儿童掌握读写算的实用知识与技能，并进行体操训练和音乐教育。儿童自 7 岁起，就必须送到国家办的学校学习，接受体、德、智、美和谐发展的教育。青少年期通常学习的科目有 5 种：阅读、书写、体育锻炼、音乐、绘画。

③第三个时期，即 14 岁到 21 岁

这段的教育在于发展学生的理智灵魂，以智力教育为主。由于《政治学》未有完卷，此期教育的具体情况只能靠推测。估计这时期的学校设有算术、几何、天文、音乐理论、文法、文学、诗歌、修辞学、伦理学以及宇宙学和哲学等科目，而对思辨科学和哲学尤为注重。

（4）城邦（国家）与教育

古代希腊的国家就是城邦。亚里士多德关于城邦与教育的论述，就是关于国家与教育的论述。

①教育方针应引向善德

亚里士多德认为，政治学术的终极目的是善德，也就是人间的至善。城邦应是自然所施向的至善的社会团体。城邦的善德不是命运决定，而是人力可致的。立法家应当制定措施，通过教育，使城邦中参与政事的公民都具有善德。全体公民对政治人人有责，所以应该个个都是善人。一个城邦的公民人人都是善人，城邦才能成为善邦。城邦之中有统治者和被统治者，二者的教育有相同之处，也有不同之处，教育制度应为此制定相应的措施。亚里士多德认为，妇女和儿童的善良与否，有关城邦的优劣，因为妇女占城邦人口的半数，而儿童不久就要成长为公民，所以他们的教育不应被忽视。

②唯有教育能节制人欲

亚里士多德认为，现世的种种罪恶，都是源于人类罪恶的本性。人类的欲望是无止境的，许多人终身蝇营，力求填充自己的欲壑。但欲望无尽，欲壑难填。必须用法律制定有效的教育。人欲无止境，除了教育，别无节制的方法。亚里士多德批评苏格拉底、柏拉图在《理想国》中指望用财产公有制消弭人间的争斗及罪恶，认为公产制并不能消除人间罪恶，在公产制度下产生的人间纠纷只会更多。

③唯有教育能达到城邦的统一

城邦应该是许多分子的集合，唯有教育才能使它成为团体而达到统一。亚里士多德批评苏格拉底、柏拉图企图用公产制达成善德，而忘记了积习、文教和法度可以化民成俗。

④以公立教育取代私家教育

当时的情况是，教育作为各家的私事，父亲各自照顾其子女，各授以自己认为有益的教诲，这在实际上是不适宜的。一个城邦就所有公民的全体而言，共同趋向于一个目的，全体公民也应遵循同一教育体系，而规划这种体系乃是公众的职责。教育（训练）所要达到的目标既然为全体所共同，大家都应采取一致的教育方案，所以建立公办的教育制度是适宜的。

⑤教育要立法

少年的教育应作为立法家所要最关注的事情。理由有二：*a*. 邦国如果忽视教育，其政制必将毁损。一个城邦应经常教导公民，使之能适应本邦的政治体系及其生活方式。政体随人民性格的高下而有差异，国民性格优良方可缔造较优良的政治制度。*b*. 人要运用每一种机能或每一种技术，必须先行训练并经过相当的复习，使各个为之适应。在作为一个城邦分子之前，必须先行训练和适应，而后才能从事公民所应实践的善业。因此，教育应制定规程（法制）并由邦城办理。亚里士多德特别推崇有些城邦设置从事教化的专门机构，例如妇女监护、法律（礼俗）监护、儿童监护、体育训导等项职司。

（5）教育与政治

亚里士多德承袭柏拉图的思想，肯定了教育与政治间的紧密关系，教育应由国家负责，受国家控制。他十分强调教育为政治服务的功能及对于巩固奴隶主政治统治的作用。这是其教育思想的一个基本原则。他反对私人教育，认为国家应成为公民唯一的教师。他说："……教育作为各家的私事，父亲各自照顾其子女，各授以自己认为有益的教诲，这样在实际上是不适宜的。教育（训练）所要达到的目的既然为全邦共同，则大家就该采取一致的教育（训练）方案。[1]"因为所有公民都得参加国家政府工作，成为城邦的一员，国家的兴衰依赖于公民的素质，忽视了教育就必然会危害社会的政治制度。所以，立法者应首先注意少年的教育，须"陶冶公民，使他们的生活适合于城邦的形式，适应奴隶制国家的政治需要，使教育成为国家的事业，由国家统一办学校教育"。因此，他十分赞赏斯巴达人把教育的管理权完全掌握在奴隶主国家手中的做法。

既然教育对于国家生活如此重要，就应将它纳入国家法制的轨道。因此他说，"教育应该订有规程（法制）以及教育应该由城邦办理"[2]。国家要建立统一的教育制度，公民要遵循同一学制，使所有的人都均受到同一的教育和相同的训练。这里须指出，他从"法治"思想出发，提出"教育应由法律规定"的思想是可贵的，但他把奴隶排斥在教育对象之外则反映了他的阶级偏见。亚里士多德在谈到教育与政治关系时还将城邦实施"法治"，与进行公共的社会教育联系起来。认为为了使公民了解并遵守法律，保证社会秩序的安定，必须承认并发挥教育作为"法治"宣传和进行法制教育工具的作用。这对于奴隶主政权的巩固与顺利开展社会民主生活是十分重要的。亚里士多德把教育看作是从属于政治艺术的一种艺术，同时又将它视为从个人内部发展的一种自我实现的过程。因此，他在七、八卷中还涉及了教育的个人方面的内容。

---

[1][古希腊]亚里士多德著，吴寿彭译.政治学[M].北京：商务印书馆，1983.406—407.
[2][古希腊]亚里士多德著，吴寿彭译.政治学[M].北京：商务印书馆，1983.407.

2. 教育内容观

（1）和谐发展教育观

亚里士多德根据奴隶主民主政治和经济发展的需要，从培养全面发展人的理想目标出发，结合希腊的教育实际经验，在《政治学》中论述了对儿童实行体、德、智、美和谐发展教育的具体内容和方法，提出了一套独立的教育思想体系。他认为人有植物的、动物的和理性的三种灵魂。与之相应也有三方面的教育：体育、德育和智育。教育的目的在于发展这三方面，使之达到最高程度，使体、德、智得到和谐的发展。

①体育

亚里士多德认为实践必须先于理论，身体的训练须在智力训练之先："我们的结论应该是：首先要注意儿童的身体，挨次而留心他们的情欲境界，然后才及于他们的灵魂。"[1] 体育锻炼的目的在于使儿童具有强健的体魄，在于鼓舞勇气，养成体育竞技的习惯和进行体育活动的各种技能。但他反对实施过分严格的体育操练，要遵循适度的原则，以免损害儿童身体。另外，他指出了对儿童进行体育锻炼、使其体魄强健的军事意义，并认为培养勇敢品格是体育的一项重要目的，主张用体操训练培养人的勇敢精神。

②德育

培养一定的道德品质，是亚里士多德和谐发展教育内容的一个重要组成部分。他在《政治学》七卷"十二章"中明确指出，人的道德是"存乎人心"、"成于习惯"、"见于行动"，从而确定了道德教育的三个来源。他说过："人们所由入德成善者出于三端。这三端为（出生所禀的）天赋、（日后养成的）习惯，及（其内在的）理性。"[2] 其中习惯具有决定性意义。优良的道德品质的形成，必须利用天性，经过反复行动，形成习惯，使天性得到适当发展，最终使美德日趋完善，达理智的高度。道德教育的目的在于通过实际活动和反复练习，逐步养成"中庸"、"适度'、"公正"、"节制"和"勇敢"的美好德行。他还认为，对善行的模仿是形成儿童良好品德最有效的方法。为此，他要求成年人要注意修身，用自己的善行去影响青年。他还十分重视

[1][古希腊]亚里士多德著，吴寿彭译.政治学[M].北京：商务印书馆，1983.395.
[2][古希腊]亚里士多德著，吴寿彭译.政治学[M].北京：商务印书馆，1983.384.

道德实践的作用，认为儿童在日常生活中的实际锻炼对品德的形成至为重要。

道德教育的核心问题是培养人以理性节制情欲。亚里士多德认为，人的发展程序是躯体先于灵魂，灵魂的非理性部分先于理性部分。情欲的一切征象，例如愤怒、爱恶和欲望，在人们从开始其生命的历程，便显见于孩提；而辩解和思想的机能则必须等待其长成，日渐发展。身体从属于灵魂，灵魂的情欲部分受制于理性及其理智部分，是合乎自然的、有益的。要是两者平行或倒转关系，则有害无益。

一个城邦应具备的品德是节制、勇毅、坚韧、智慧，而节制和中庸是最好的品德。人间的至善是善德，善就是正义。这些都是道德教育的目标。

统治者和被统治者有着共同的道德。统治者要是不能克己复礼、正义自待（奉公守法），就无法进行治理，被统治者缺乏这些品德就不能循规蹈矩，服从统治，所以两者应具备相通的道德品质。奴隶也是具有理性的人类，所以奴隶也应有善德。居高位者的习尚，很快就导启众庶的风气。

③智育和美育

亚里士多德在《政治学》八卷"三章"及"七章"等节中论述了儿童智力教育和美育问题。认为对儿童进行智力教育，缘于人类求知的本性。智育的目的在于将来的实际效用。因此，他在学校课程中规定了阅读书写和绘画等科目。为了个人谋生、处理家事、从事政治生活以及评价艺术品的方便，智育内容还包括掌握真理、发展思维力。通过对事物的直观感知，并依此进行深入的分析思考，以掌握事物内在本质，获得理性知识。他认为只有按着这样的认识顺序才能掌握真知。亚里士多德认为美育是儿童和谐发展教育的重要内容。他从希腊奴隶主的审美意识出发，规定了学校美育的任务就是要培养儿童判别美及创造美的能力，使他们懂得娱乐和享受，更好地度过闲暇。他认为音乐是形成人性格的一种重要力量。音乐教育的目的，不是为了未来从事这种职业，也不是为了竞技，而是为了教育，为了心灵的净化，为了理智地享受和用于度过闲暇。他强调乐器及旋律、韵调的选择，主张应选取适于青少年年龄特点的伦理性曲调。音乐教学不仅要使儿童学会欣赏音乐，具有评判能力，而且还要具备演奏能力。他认为只有音乐教育，才能更好地实现教育的最终目的，发展理智灵魂，而且指出人在各年龄阶段都需要接受音乐教育。在他看来，音乐教育不仅是进行美育最有效的手段，还担负着智育的部分职能，也是实施道德教育不可缺少的内容。音乐教育是和谐发展教育的核心。他还把学科的功用分为实用和文雅两种。因此，音乐教育与智育不同，属于文雅学科。亚里士多德尤其重文雅教育，重视理智享受和文雅活动，较为轻视职业培训和实际工作。

（2）初等教育的学习科目

初等教育的学习科目包括读写、体操、音乐和绘画。读写不仅有实际应用价值，也是研究学术和从事政治活动所不可缺少的。体操除了强身，还可培养勇毅的品德。绘画可以培养对物体和形象的审美观念和鉴别能力。音乐则具有多种功能。亚里士多德论述较详的是体操和音乐。

①体操

亚里士多德认为，在教育儿童时，应该先把功夫用在他们的习惯方面，然后再及于理性方面；必须首先训练其身体，然后启发其理智。所以，开始要让少年就教于体育教师和竞技教师。体育教师将培养他们身体所应有的习惯，竞技教师将授以各项角赛的技能。亚里士多德批评斯巴达的体育训练过于严酷，采取的是发展兽性的野蛮措施。这种专重勇毅一种品德而忽视"多方面训练"的体育，只能使青少年趋于鄙陋。

在发情年龄（14岁）以前的儿童应教以轻便的体操（竞技）。早期的过度锻炼及剧烈运动所遗留的恶劣影响是深远的，实际上损伤了儿童的体魄。到了18岁才适宜从事剧烈的运动。

亚里士多德认为体育这一门课应研究下列问题：*a*.何者才是最合乎理想的教练方法，所谓理想方法应是适宜于具有最良好的体质而又最优越的生活条件的人们的最好教练方法；*b*.适合于不同体质的各种不同教练方法；*c*.还要考虑有些人愿意接受教练，却不想具备可以参加体育竞赛那么高度的技艺，得为他们设置相宜的较低课程；*d*.何者才是普遍相宜于大多数人体质的教练方法。体育锻炼的目的，在于可以鼓舞勇气使人健康有力量。亚里士多德要求养成参加体育活动的习惯。他强调体育锻炼要培养人的勇敢精神，但不能像斯巴达教育儿童那样凶猛残忍，而是要比较柔和，使身体发展不受损害。他明确指出，要把儿童送到真正能够培养他们身体正当习惯的教练员和教导他们体育锻炼的角力老师那里去接受培养训练。这样，体育锻炼对于学生来说是适度的，而不是过分的活动。

②音乐教育

他很看重音乐的价值，认为音乐不仅是进行美育的有效手段，而且具备智育的一部分职能，并且是进行道德教育的途径。音乐有陶冶性情、娱乐和操修心灵三种功能，所以应将音乐列入教育科目。少年所使用的乐器应当是对音乐方面以及其他学术方面能够助长聪明、增进理解的乐器。歌词和乐调的选择应以培养品德为主。

他说，"在我们这个时代，多数人学音乐是为了娱乐"，"音乐的功用，便是在闲暇时供理智的享受"，"音乐之所以被列入学科之中，显然就是根据这个理由：这是自由民度其闲暇的一种方式"。这是亚里士多德提倡的"文雅教育"的思想基础。他主张音乐教育在各年龄阶段都要学习，在吸取雅典教育经验的基础上，亚里士多德把应属于智育部分的文学作品和诗文阅读、欣赏、咏唱也列入了音乐教育范围。在亚里士多德看来，学科的功用可分为实用和文雅两个方面，从而把全部课程大致分为有用学科和文雅学科两类。书写侧重实用，音乐重在文雅。有用学科是为实际需要，服务于实利；文雅学科是使人心宁神静，供闲暇和理智享受。

亚里士多德提出的"文雅教育"思想，二千多年来一直支配着剥削阶级的教育思想，对欧洲的教育产生了很深的影响。

3. 教育方法观

亚里士多德对教育、教学方法没有专门的论述，但有两个论点对后世有长远影响：

（1）效法自然

教育的目的及其作用有如一般的艺术，原来就在效法自然，并对自然的任何缺漏加以殷勤的补缀。效法自然的原则后来由夸美纽斯做了进一步发挥。

（2）正确处理兴趣与努力的关系

亚里士多德认为，教育少年的目的不是为了使他们娱乐。学习必须努力，而且免不了疲劳，实在不是娱乐。这些话隐含有对柏拉图的批评。后者在《理想国》和《法律篇》中极力推荐埃及人在儿童教育中寓学习于游戏的经验。亚里士多德的教育思想，既师承柏拉图，又有独创性的发展。在《政治学》一书中，他和他的老师一样，把教育视为奴隶主政权建设的一个重要方面，强调教育的政治意义，要求由国家创办并管理学校教育。他还把心理学引进教育学的讨论中。他首次提出的教育须依靠并适应自然、发展儿童天性中的潜在能力的思想，开启了后代资产阶级"遵循自然"教育思想之先河。他最早依据儿童发展顺序做了划分教育年龄阶段的尝试，并从理论上论证了和谐发展教育的可能性与必要性。他把课程分为有用和文雅两类的"文雅教育"思想支配欧美中等和高等教育达两千年之久。

在西方历史上，亚里士多德对后世欧洲的影响仅次于柏拉图。

（三）亚里士多德教育理论与实践的创新

从总体上说，亚里士多德基本上建立了教育的严密体系，全面地涉及到了教育方针、教育目的、教育内容、教育课程以及艺术教育等各个方面的具体内容。

关于素质，亚里士多德的论述的主要价值有三：第一，教育的本质就是要使人"入德成善"，要培养全体公民的"素质"，而素质的内涵则包括三个方面：天赋、习惯和理性。天赋是出生时就具备的；习惯是日后逐渐养成的，需要"训练"；理性是"人类所独有"的，需要"教导"。这里，从三个方面来解析人的"素质"是比较全面的、客观的、辩证的。第二，亚里士多德对天赋、习惯、理性三者的关系做出了比较唯物和辩证的分析；第三，亚里士多德还明确地提出了"和谐"发展的观点。

关于教育的目的，亚里士多德的论述，有两点需特别注意：第一，教育的目的是培养"善人"，使"公民们个个都要成为善人"。这里的"善"并非指的是人的外表，而是指的人的"灵魂"。用现代教育的观念来看，"灵魂"所指的当是人的思想、品格、个性。"灵魂"通过人的"操行"即行为、语言等表现出来。第二，怎样才能培养人的"善德"，使人人都成为"善人"呢？又当注意三点：（1）实施全面的教育，"必须顾及灵魂的各个部分及其各种操行"；（2）实施具体的实用的教育，"凡仅属必需或仅关实用的作为只能是获取善业的手段"；（3）实施科学有序的教育，"又须顾到人类生活的各个部分及其各项事业而为之分别本末和先后"。

关于教育的方式：第一，教育实现的基本方式即"训导"，"训"，即"训练""习惯","导",即"教导""理性"。不仅教育目的的三个方面要"和谐",教育的"这两项训导的方式必须尽可能地互相协调",互相"和谐"。第二,教育必须遵循人的生理和心理发展的规律。"首先要注意儿童的身体,挨次留心他们的情欲境界,然后才及于他们的灵魂"。第三,教育必须以"操修理性"和"运用思想"为最高的目的,换言之,就是要以"善德"的培养和"理性"的训导为重点和核心。

关于课程:首先,亚里士多德创制了较为完备的课程体系。不同的课目有不同的功能,可以培养学生不同的素质。多种课目形成一个比较严密完备的体系,就可以全面培养和提高学生的综合素质。其次,亚里士多德提出了比较科学地对课目所进行的分类:一是从不同的地位的角度,将课目分为"基础课目"和非基础课目;二是从功能的角度将课目分为实用的课目和非实用的课目。第三,亚里士多德还提出了"快乐"人生观。当然,只有具有"善德"的人,才可能体验到内在的愉悦、精神的快乐,才可能达到人生的幸福境界。

关于音乐教育:亚里士多德的论述主要包括以下四点:一是根据音乐的种类(乐调和韵律)可分为三类:(1)培养品德,(2)鼓励行动,(3)激发热忱。音乐的"效用"包括三点:(1)教育,(2)祓除情感,(3)操修心灵。二是比较明确地论述了不同的音乐具有不同的教育作用,因此必须恰当选择,"少年教育应培养品德,宜取中和庄敬的杜里调。弗里季调凄怆激越,使听者狂热,终非正音。吕第亚调轻柔,对儿童和老年是有益的"。三是明确地提出"音乐教育有三题:课程的制订,乐调和韵律的选择,乐器的选择。就课程而言,当以养成欣赏能力为已足"。"就乐器而言,宜习弦奏"。四是非常强调艺术实践,"在音乐教练中,应该让少年们登场演奏。"[1]事实上,亚里士多德关于音乐教育的基本理论也适合广义的艺术教育。

(四)如何解读亚里士多德

亚里士多德被誉为"百科全书式"的人,他的思想水平达到了古代希腊世界的顶峰。其思维的链条是:人—政治。

---

[1][古希腊]亚里士多德著,吴寿彭译.政治学[M].北京:商务印书馆,1983.425.

1. 人是政治的人，人是亚里士多德的逻辑起点

亚里士多德达到了实在论哲学的顶峰，将其师柏拉图的理念论与德谟克利特的原子论结合起来，实现了自然哲学与形而上学的融合。亚里士多德通过对世界的本原——他将其谓之"实体"的思考，回答了"是什么? 原因是什么? 如何生成? "三个问题，形成了"实体学说"、"四因说"及"潜能与现实"理论。

根据上述哲学观点，亚里士多德论证了人的灵魂和肉体两方面的关系，指出灵魂共有三个部分，即：植物灵魂——表现在营养和繁殖方面；动物灵魂或称意志灵魂——表现在感觉和欲望方面，性质高于植物灵魂；理性灵魂——表现在思维或认识方面，性质高于动物灵魂。据此，亚里士多德提出要求教育与此三种灵魂相适应，进行体育、德育和智育的和谐教育思想。

在《政治学》第一卷中，亚里士多德关于人的定义是："人类自然是趋向于城邦生活的动物（人类在本性上，也正是一个政治动物）。"[1] 从词源学的角度上讲，亚里士多德的"政治"的概念显然不是凭空造出来的。"政治"概念的希腊文是 politikon，这个词的本意是趋向城邦的。而政治生活或者政治制度的希腊文是 politeia，城邦的希腊文是 polis。可见，不管是作为概念的政治还是具体的政治制度，在亚里士多德看来都是和城邦有关系的。也就是说，当亚里士多德说"人天生是一种政治动物"[2] 的时候，是指人对城邦有一定的趋向性。也就是说，人按其本性必须结合成共同体才能生存，国家或城邦就是由此而来。

在亚里士多德看来，人不可能独立存在，人首先是存在家庭之中的，家庭就成为人类满足日常生活需要而建立的社会的基本形式。家庭联合起来组成村坊，若干村坊组合就是城市（城邦）。这是人存在的现实需要的结果，同时，也是人类的本性决定的。人之所以可以和愿意趋向于城邦是因为："人类生来就有合群的性情，所以能不期而共趋于这样高级（政治）的组合。"[3]

当然，亚里士多德的"人是政治的动物"这句话常被人们不加深省地应用于宽泛的意义上。实际上，在他那个年代里，他所能见到的只是人们在参

[1][古希腊]亚里士多德著，吴寿彭译.政治学[M].北京: 商务印书馆, 1983.7.
[2][古希腊]亚里士多德著，颜一、秦典华译.政治学[M].北京: 中国人民大学出版社, 2003.4.
[3][古希腊]亚里士多德著，吴寿彭译.政治学[M].北京: 商务印书馆, 1983.9.

与城邦管理，人们的起食饮居无不与城邦密切相关。政治只是被定义在"城邦管理"的狭隘范围内，与我们现在常用的"阶级"、"阶层"、"政治犯"一类的政治术语毫无关联。因此，他的意思只是说："人是生活在城邦中的生物。"人是城邦的人，城邦是城邦的人的城邦。

用现代人的眼光，很难理解雅典人何以那样忠于自己的母邦，城邦又为何让人如此信奉，因为现代人眼中的国家背后充斥着大量的国家机器，人们的行动有时不是凭着自己的喜好，而是一种被迫的行为。一个英国人在填写支票时想：得！这些钱都到水里去了！这是很普遍的一种现象。而在雅典，类似于交税这种行为，又会在公民心中产生何种感想呢？他可以用他的税金养一条战船，他任船长，或出资上演一场戏剧之类的，虽也是一种负担，但其中的乐趣和所带来的荣耀，足可使令现代人生厌的交税行为变得生动一些。城邦的魅力也许正源于此。

正是种种类似于上面的原因，雅典人才甘愿为城邦做一切事情，他们将城邦视为是"能借以全面实现其精神、道德与理智能力的唯一框架"。换言之，公民的价值是在城邦中实现的，也只有在城邦中才能实现。公民积极地参与城邦管理，并且认为那就是实现自己的价值。

正是在这样的层面上，我们才能理解亚里士多德关于教育的具体主张。

2. 政治是人的政治，政治是亚里士多德的逻辑归宿

从人是天然的政治动物这一前提出发，他系统地论述了什么是对公民最好的国家（城邦）。亚里士多德阐述了城邦的本质和目的：他把城邦比作有机的整体，个人是城邦的有机组成部分，个人的价值依赖于城邦。离开了城邦，人就无法完善自身。亚里士多德认为，城邦是"至高而广涵的社会团体"。因为人类生活可在城邦范围内得到完全的自给自足，人的善业在城邦中得以完成。只有成为城邦的一员，人的本性在城邦生活中才得以充分显现，他才成为真正的人。虽然家庭和村社都以善为目的，而城邦的目的是"至善"，是公民"优良的生活"。

亚里士多德认为，组成城邦的公民的本质决定了城邦的本质。他认为，公民的本质就是平等享受政治权利。亚里士多德指出，"单纯意义上的公民，

就是参与法庭审判和行政统治的人"，[1] 即有权参加陪审法庭和公民大会的人们。因为这两个机构是城邦最高权力所寄托的地方，有权参加这两个机构才是真正的公民。而"城邦简而言之就是其人数足以维持自足生活的公民组合体"，[2] 是"许多公民各以其不同职能参加而合成的一个有机的独立体系"。这就是说，只有享受平等政治权利的人才是公民，只有由这样的公民组成的政治团体才是城邦。

亚里士多德天才地指出人类与政治的内在相联性，并精确地预言了政治的基本主题——公正，精辟地指出了社会中法律、正义、智德的作用。换言之，在亚里士多德的思想中，教育的目的就是借由"培养适合城邦政治的合格公民"真正实现"合格公民参与并构建理想的城邦"！

（五）名著《政治学》文本简析、原文节选、导读

《政治学》是亚里士多德的重要著作之一，亚里士多德自称此书是"关于政体的专著"，它本是吕克昂哲学学校内部传授的讲稿。传记作者狄奥根尼·拉尔修名之为"学园内精密的课程"。中世纪以来，这部著作有多种抄本。本书具有多方面的学术价值，对于了解当时希腊社会的状况，了解古希腊人的政治、法律、伦理、教育思想，研究亚里士多德的学说，均有不可替代的作用。尽管它是一部论述政治问题的专著，但亚里士多德在探讨和阐释奴隶制各种政体及其统治形式的过程中，也从教育与政治关系的角度，提出了一些教育的主张。

本书共八卷。第一卷论政治团体的形成及其基本单位——家庭；第二卷是对柏拉图在《理想国》和《法律篇》中所设计的政体以及当时被称为三种典型政体的斯巴达、克里特和迦太基的政体的批评；第三卷阐述政治理论；第四卷是对各种政体的各种类型的分析批评；第五卷论政体变更的原因及方式；第六卷论建立稳定不变的政体的方法；第七、八卷论理想的城邦及其教育制度。

总之，亚里士多德及他的《政治学》，既影响了阿拉伯的文化教育，促进了中世纪欧洲学校教育的发展，又对文艺复兴以来资本主义意识形态的产生

[1][古希腊]亚里士多德著，颜一、秦典华译.政治学[M].北京:中国人民大学出版社，2003.72.
[2][古希腊]亚里士多德著，颜一、秦典华译.政治学[M].北京:中国人民大学出版社，2003.73.

及发展，起了相当大的启示作用。须指出的是，他的整个教育体系，体现了奴隶主阶级的利益，其中充满了阶级的偏见，这些都是需要批判的。但他对幼儿教育的专门论述及在道德教育中注重躬行实践的思想对今天的教育实践仍有借鉴作用。

《政治学》[1]（节选）：

第七卷[2]

【文本简析】

第1节，城邦治理的目的是最大程度地获得幸福，而外在诸善是幸福的原因，本性、习惯和理性是成为善良贤明之人的途径。第2节，雅典政治的公正性决定了教育因教育对象的"差异"而"异中有同、同中有异"：同在于"培养最优秀的人的德性"，异在于"统治与被统治时的不同准则"。故而，如何使公民成为善良之人——理性以及确定最优良的生活目的——闲暇就成为城邦立法者的首要职责。第3节，最优秀的个人和最优秀的政体的同一目标是"闲暇的德性"——智慧、勇敢、节制、正义。其培养需要借助本性、习惯和理性，习惯的培养训练应以理性、理智为原则。由于灵魂分为非理性与理性，所以对儿童要先关心身体、后关心灵魂、最后关心其情欲。第4节，城邦的婚姻状况决定了城邦儿童身体能否健壮。城邦的立法者要确定适合的婚配年龄、合适的婚配对象以及最佳的生育年龄，对于成婚时间、父母身体强健与否、孕期保养以及生育期都要严格规定，对于男女通奸则要依法论处。第5节，儿童出生后要多奶少酒、多多运动，习惯要及早培养。5岁以前不能有任何学习任务或强制性劳动，"儿童法监"官要慎选故事、传说、游戏，以使儿童的嬉戏不卑俗、不过于劳累、不过于散漫。5——7岁要观看将来要学习的事情，防止模仿淫秽的行为。要建立儿童保护制度。

---

[1][古希腊]亚里士多德著，颜一、秦典华译.政治学[M].北京：中国人民大学出版社，2003.在节选的文本简析中的分节均为作者根据需要自行划分，未受原译作限制.
[2][古希腊]亚里士多德著，颜一、秦典华译.政治学[M].北京：中国人民大学出版社，2003.252—266.

【原文节选】

······

1.关于政体本身,让我们来讨论,要成为一个治理有方的至福城邦,其组成部分应该是什么和有什么样的性质。所有处境优裕的人都做到了两件事,一者是选择了正确的人生目的和行为目标,二者是发现了有助于达到此一目的或目标的行为方式,因为行为方式或手段可能与其目标相符或不相符。有些时候目标就在咫尺之间,而行为者却失之交臂;另一些时候人们尝试了一切有助于达到目的的行为手段,孰料最终结果却不如人意;有时候则是两个方面都一塌糊涂,例如医术,有时候医师非但不具备关于身体健康的恰当知识,而且又开出无助于健康这一目标的处方。在各种技术和知识领域,都必须同时掌握两点,即目的和达到目的的行为手段。显然所有人都追求幸福和优裕的生活,但是一些人如愿以偿,而另一些人由于某种机遇或天性的关系终究与幸福无缘,因为优裕适意的生活需要配备某些外在事物,那些出类拔萃之人对此所需甚少,但天性不如人者就非常需要它们。还有一些追求幸福的人一开始就背离了正道,尽管他们拥有获致幸福的条件。可是这里我们正在讨论的是最优秀的政体,即据此城邦能得到最出色治理的政体,而最出色的治理则在于据此城邦能最大限度地获得幸福,所以显而易见我们不应忘记幸福究竟是什么。

我们主张(并见《伦理学》中曾做过的规定,假如那些讨论对此还有点用处的话),幸福在单纯的意义上而非相对于某一前提条件是德性的完满运用和实现活动,我所说的前提是指某些必然的事物条件,而单纯就是完美。以公正的行为为例,公正的判罚和刑惩的确根源于德性,但这些良好行为乃是迫于必然——因为无论是个人还是城邦都更加情愿没有这类事情,而以荣誉和慷慨待人则是单纯意义上的最优良的行为。迫于必然的行为可以说是选择了另外某种恶,而后一种行为则与其相反,是产生善的基础和源泉。善良之人对于贫穷、疾病和其他一些不幸遭遇均能处之泰然,然而巨大的快乐或幸福却在相反的那些事物之中(在《伦理学》的论述中已经对此做了说明,善良之人是这样一种人,由于他的德性,善的事物在他面前得以成为单纯意义上的善的事物,显然他对这些事物的运用必然是善良而高尚的,而且是在单纯的意义上），因此人们便认为外在诸善是幸福的原因，仿佛竖琴悠扬的琴声归因于竖琴胜过归因于演奏者的技艺似的。

从以上所说必然可知，有一些事物是业已存在的，有一些则要靠立法者来营建。因此我们祈愿自己的城邦有着充足的物资配备，这些配备全凭命运决定（因为我们设定了其主宰地位），然而城邦的善良却与命运无关，而是在于知识与意愿。要想成为一个善良之邦，参加城邦政体的公民就必须是善良的。而在我们的城邦，所有的公民都参加了本邦的政体。应该考察，一个人怎样才能变得善良。因为可以设想一个城邦的公民整体上是善良的，但并非个个公民都是善良的，但还是后一种情况更为可取，因为整体的善跟随个人的善。

人们通过三种途径成为善良贤明之人。这三种途径是本性、习惯和理性。本性应当在先，比如首先必须是人而不是其他某种动物，从而他就具备了某种本性，具有了身体和灵魂。有一些自然禀赋是没有什么用处的，习惯会逐渐改变它们；另有一些禀赋天生就有两种可能，受习惯熏染变坏或变好。其他种类的动物最主要地靠自然本性生活，只有极少部分会受习惯影响。人类还能够依靠理性，因为只有人才具有理性。因而，本性、习惯和理性三者应该彼此一致。很多时候为了求得更好的结果，人们在理性的劝导下采取了违背习惯和本性的做法。具有哪一种本性的人更容易为立法者驾驭，前面已经做过说明，剩下的事情就有赖于教育。因为人们求学致知既靠习惯，亦靠聆听他人教导。

2. 既然一切政治共同体都由统治者与被统治者构成，那么我们就应该考察，统治者与被统治者是否应该有所更替或终身固定不变。显然，应当根据对此的不同选择来制定城邦的教育体例。假如有人超出常人到众神和英雄超出人类的程度，首先是体魄大大超乎寻常，其次是灵魂，那么他们就是无可争议的统治者，明显超乎被统治者之上，于是就皆大欢喜地决定了同一些人永远是统治者或被统治者。既然这种事情并不常见，而类似斯居拉克斯的记载，在印度人中间国王们就远远超出他们的臣民，这样的事情也非我们所能见到，那么，从种种理由必然可以得出一个明显的结论，即让所有公民一律轮番参与统治与被统治。因为平等就是对所有同等的人一视同仁，而背离了公正原则建立起来的政体是很难维持其存在的。因为在这种政体下所有的乡下人就会伙同那些心怀叵测的被统治者共同图谋革命，而执政者寥寥数人想压倒所有这些人简直是一件不可能的事。当然，统治者们确实胜过被统治者，这一点无可置疑。故立法者应该筹谋，如何对待两者的差异以及让他们以何种方式加入政体。这在前面我们就讲明白了。自然本性已经做出了这一选择，它使得同一种属的人之中一些较为年轻，而另一些较为年长，从而让其中一些人适合于被统治，而另一些适合于统治。青年人不会由于根据年龄受人统治而恼恨，他也不会认为自己更加了不起，尤其是在明知自己一旦达到适足的年龄就将接替统治者的美差的情况下。

所以，一方面统治者和被统治者固定是同一些人，另一方面又有所差异。因此对公民的教育也必须随之相同或不相同。因为常言道，想学习做一名好主人的人应先学习服从。正如我们在前面论述过的一样，统治者有一个准则，被统治者也有一个准则，一即所谓的专制，一即所谓的自由人统治。有一些安排在效果上没有什么不同，但在其所为的目的上却各不相同。因此许多明显是低贱的工作被分派给自由人青年，他们也十分体面地完成了这些任务。因为区分体面与不体面的标准不在于行为自身，而在于最终结果或行为所为的目的。既然我们说公民和统治者应有的是同一种德性——同于最优秀的人的德性，而且一个人应当首先甘为人下人随后才擢升为一名统治者，那么，立法者应当设法使他们成为善良之人，明察通过什么途径才能做到这一点，以及什么是最优良的生活的目的。

灵魂分为两个部分，一部分就其自身具备理性，另一部分虽则就自身而言不具备，但有能力听从理性。具有了这两个部分的德性，一个人就能因此在某种程度上被称为善良之人。其中哪一个部分更适合于目的的存在，凡接受我们的这种划分的人都不难断言。因为较为低劣的事物总是以较为优越的事物为目的，这种情况无论是在技术造成的事物还是在自然造成的事物中都极为明显；而优越在于具备理性。根据习惯的划分理性又分为两个部分，一是实践的理性，一是思辨的理性。如此一来，灵魂的部分显然也必须做进一步的划分。行为也就有了类同于此的区分，那些有能力实施灵魂的全部三部分或其中两部分的相应操行的人必定更加愿意选取本性上更为优越的行为。因为对于每一个人来说，他最愿选取的东西往往就是他造诣最深的东西。全部生活也可以分为劳作的与闲暇的，或分为战争的与和平的，各种行为则可分为必需又实用的与高尚的两类。我们对这些行为的选择，必然要依据灵魂的不同部分以及与之相应的操行，如战争是为了和平，劳作是为了闲暇，必需又实用的事物以高尚的事物为目的。一个政治家在拟定法律时应当注意到以上所有事项，并且要考虑到灵魂的部分以及相应这些部分的操行，尤其是那些更为优越的作为最终目的的事物。同样他还须留意人类生活和行为方面的轻重缓急，公民们既应勤劳善战，更应该致力于求致和平与闲暇；既应完成各种必需和有用的事务，又更应该有不为实用的高尚行为。因此，儿童以及其他年龄的一切尚需教育的人都应学习这些重要的道理。

今天的希腊人以拥有最优良的政体闻名遐迩，而那些立法者们是这样来建立他们的政体的：既看不出以最佳的目的为建制安邦的根本，其法律和教育体例也没有以全部德性为宗旨，而是俗不可耐地极力奉行实用的和种种有利可图的政策。与这些人相近，后来的某些著作家们也持同样的观点，他们称颂斯巴达的政体，赞扬其立法者以强权和战争为全部法制体系的显著目标。从理论上可以轻而易举地驳倒这种观点，而且今天的种种事实早已做出了驳斥。正如大多数人谋求建立统治众多臣民的帝国，为的是借这个好时机大发横财，西勃隆以及其他各位记述斯巴达政体的著作家显然就是怀着这种心情去称颂斯巴达的法制的，赞扬斯巴达人由于被训练得不惧危险，确立了自己的霸权地位。既然斯巴达人的统治如今已经一去不复返了，就不能认为他们是幸福的，也不能认为他们的立法者是贤良的。而且假如人们都奉守这些法律，没有人阻挠其实施，结果竟然是人人都偏离了高尚的生活，这也就未免显得可笑。关于立法者应当崇尚哪一种统治方式，这些著作家也持错误的观点，因为自由人的统治较之独裁专制的统治更加高尚且富有德性。一个城邦或一个立法者若是以对邻人的强权统治为己任，这样的城邦就不能说是幸福的，这样的立法者也无足称道，因为这类做法为害匪浅。很明显，公民们一贯追求强权，他们中有能耐的人在可能的情况下难免会攫取在本邦的霸权，例如鲍桑尼阿斯王就试图做这样的事情，从而受到了斯巴达人的指责，尽管他那会儿已经显赫一时。

这类言论和法律无一属于正常的政治范围，也无一有益和真实。因为无论对个别的人还是对城邦共同体而言，最优良的事物是相同的，立法者应该把这些事物植入公民们的灵魂中去。战事训练不应以奴役那些不该受奴役的人为目的，而首要的是保证自身不被奴役；其次为被统治者的利益着想可以谋求领袖地位，但是不能谋求对所有人的专制统治；第三是可以对那些真正该受奴役的人实行专制。记载下来的事实证明，立法者关于军事和其他事项的立法最好以闲暇与和平作为法制的目的。因为大多数尚武好战的城邦在战争期间反倒平安无事，然而一旦霸业告成，其统治就开始分崩离析。就像一柄铁剑，在和平时期就失去了它的锋芒。对此立法者咎不容辞，他没有教会公民经营闲暇的生活。

3. 既然个别的人与城邦共同体所追求的是同一目的，那么最优秀的个人和最优秀的政体必然也具有同一目标。显然，闲暇的德性是二者共同的目的，因为正如多次重复过的一样，和平是战争的目的，闲暇是劳作的目的。因为有益于闲暇和消遣的东西，既包括人们在闲暇时也包括在辛勤劳作时所修养的德性。因为在获致闲暇之先，须准备好许多必需的条件。所以一个城邦应该具备节制、勇敢和坚韧等德性，俗谚云：奴隶无闲暇，那些不能勇敢地面对危险的人免不了沦为入侵者的奴隶。勇敢和坚韧适用于劳作之时，而哲学的智慧适用于闲暇时期。节制和公正在两种时期都是必需的，但尤其适用于和平和闲暇时期。因为战争迫使人们变得公正和节制，而和平的良辰美景带来的享受和闲暇生活更容易导致人们的放纵。那些在所有人中处境极为优越、其一举一动都受人极度钦羡的快乐之人更为迫切地需要公正和节制——比如说，假如果真有一些诗人们所描述的居住在"极乐群岛"上的人，他们会尤其需要哲学、节制和公正，愈是如此，他们愈是闲暇，其境遇也愈是优越。由此清楚可见，要想成为一个幸福而善良的城邦，就必须要具备这些德性。不能运用生活中的诸善是可耻的，而在闲暇时期仍不能运用它们就更加可耻了，这些卑陋之人在战争时期表现出良好的品质，然而一到和平闲暇时期便沦为奴辈。因此一个城邦不能像斯巴达那样来操持德性。他们对最高的善的认识跟其他人没有什么两样，而且完全相同，但在认为最高的善只需要借助于某一种德性这一点上，他们就走入了歧途。既然这类善事以它们带来的享受胜过诸种德性的结果……。……并且凭借其自身，从所说的这些很容易明白。应当思考，怎样和借助何种途径才能实现它（德性）。

我们在前面曾经说过，必须借助本性、习惯和理性。其中，公民们应具有什么样的本性或性质前面已经做了规定。剩下需要考虑的是，理性的教导在先，还是习惯的教导在先。这两者需要彼此一致，一致之后方能产生最佳的效果。因为理性有可能偏离最优良的宗旨，而习惯的力量也同样难以幸免。首先要注意的一点是，就像在其他事情上一样，生成来自本原或开端，而来自某一开端的最终目的又可以是另外一些最终目的的开端。对我们来说，理性和理智是自然本性的目的，所以公民们的出生和习惯的培养训练都应以它们为准则。其次，由于灵魂与身体是不同的两个部分，而且我们知道灵魂自身又分为非理性与理性两个部分，它们有两种相应的状态，一是情欲，一是理智，正如身体的降生先于灵魂，非理性以同样方式先于理智。从下列事实便可知道：孩童们与生俱来地具有愤怒、意愿以及欲望，而只有当他们长大后才逐渐具备推理和理解的能力。因此，应当首先关心孩童们的身体，尔后才是其灵魂方面，再次是关心他们的情欲，当然关心情欲是为了理智，关心身体是为了灵魂。

4. 如若立法者想看到城邦养育的儿童一开始就具有最健壮的体格，他首先就应该关心城邦的婚姻状况，确定公民们在什么年龄、什么样的公民之间可以结为配偶。在立法时他既要考虑这些共同的因素，又要考虑公民们的生命周期，从而使配偶双方的年龄彼此相配而又不致相差悬殊，出现男方尚有能力生育而女方已经不能或女方尚能生育而男方不能的情况，因为这类事情是产生争吵与不和的根源。然后，应该考虑公民生育子女的时间，子女的年龄不能与双亲的年龄相差太大，一则子女们对长辈的感戴之心将会十分淡漠，同时双亲对子女也帮不上什么忙。但子女与双亲的年龄也不能太接近，因为这样会有许多难堪的地方，子女们将不大尊重几乎与他们同代的父母，而且在家务管理中大家年龄相近就难免出现许多口角。再其次就是我们刚才岔开了的本题，即立法者按其意愿培育出儿童们健壮的体格。

几乎只需采取一项措施就可满足上述所有要求。因为按照通常的说法，男子的生育年龄终止于 70 岁，妇女终止于 50 岁，故男女双方的结合应该遵循这一年龄界限。年轻男女双方的结合对于生儿育女是不利的，因为在所有其他动物中，年轻的双亲新生的后代都发育不全、体格弱小，且多为雌性。故人类的情况也不会例外。以下事实可以为证：那些习惯于男女早婚的城邦，人们往往体格弱小，发育不良。在生产期间年轻母亲更痛苦不堪，许多人死于分娩。因此有些人说这就是特罗埃岑人所求得的神谕的意思，即许多年轻妇女死去是因为她们结婚过早，这跟庄稼的耕种和收成没有什么关系。婚嫁年龄偏迟，对于节制也很有益处。因为一般说来年轻的女子婚后在房事方面易于放纵自己，而男性倘若在精液还在增长的时候便行房事，就会阻碍身体发育（因为精液也有一定的生长时间，会有不再或很少增长的时期）。因此，女子适合于在 18 岁左右结婚，男子适合于在 37 岁左右结婚。此时婚配，男女的身体都正值鼎盛时期，他们的生育能力的衰退也将彼此同步。此外，假如他们很合理地马上要了小孩的话，当子女们开始步入鼎盛年华之际,他们已年近 70,垂垂老矣，正好完成了传宗接代的任务。

关于适当的婚姻年龄已经做了说明，让我们进而考虑人们选择的成婚时间。如今婚期一般都定在冬天，这一选择十分得当。已婚的夫妇应当向医生或自然哲学家学习生育方面的知识，因为医生们会向他们详细地讲述身体方面的有关知识，自然哲学家们会告诉他们风向方面的情况，他们大都认为北风比南风有利。

父母有什么样的体格对子女最为有利，这个问题待我们论述儿童的监护时再详加讨论。此处大略讲一讲就行了。运动员的体格对公民的正常品性以及健康和生育都没有什么好处，过于虚弱的体格同样不好，介于二者之间的体格最为适宜。公民的体质应当能够胜任劳作，但不应单单胜任某一方面过于剧烈的劳作，就像运动员的体质那样。他只须胜任自由人的种种行动，男子和妇女都一样。

怀有身孕的妇女应当注意保养自己的身体，不宜流于疏懒，也不要吃营养不恰当的饭食。立法者很容易有效地纠治她们的疏懒，可以让她们每天步行去某一寺庙，朝拜专司生育的神祇。她们的思想与身体正好相反，需要保持轻松和安静。因为胎儿从母亲那里获得自己的性情，恰如植物得之于土壤。

关于婴儿的丢弃与抚养，最好立法规定，凡畸形的婴儿均不得抚养。至于婴儿的数量过多，有些地方的习俗又禁止丢弃婴儿，在这种情况下可以限制每对夫妇生育子女的数量，假如在允许范围外有了妊娠，应在感觉和生命尚未开始之前实行流产，因为做得合法不合法应凭生命和感觉而定。

既然已经规定了男女可以开始结合的适当年龄，让我们进而讨论适宜于生育的时期的长短。因为父亲年纪太大，就会像过于年轻的父亲一样，生下的子女在身体和心智两方面都发育不良。晚年所得的子女往往十分孱弱，所以生育子女要以智力发育的顶点为限。诗人们以数字 7 作为度量年龄周期的标准，根据他们的说法，大多数人的智力发育的顶点约在 50 岁左右。因而再过四或五年，他们的生育任务就可以解除了，剩余的岁月里夫妻相伴就只是为了健康或别的什么缘由了。

关于男女间的通奸，姑且认为，任何已婚的、已经作为夫或妻的男子或妇女与其他人通奸一概是不光彩的。如果正在生育子女的期间发生通奸，就应根据罪行轻重剥夺其一部分公民权利。

5. 孩子出生之后，给他们什么样的营养，对他们的身体机能会产生极为不同的影响。看看其他动物的情况以及那些一心想使其后代具有适于征战的体质的民族就不难明白，奶是丰富的食品，对身体最为适宜，饮酒愈少则愈不容易生病。其次，儿童们能够进行的所有运动对他们都有益处。为了使儿童的幼肢不致变形弯曲，如今有一些民族使用器械来保证儿童身体挺直。从幼年开始就训练儿童抵御寒冷是明显有益的，这样其健康和战斗能力都可以加强。因而不少民族有把新生的婴儿投入冰冷溪水的习俗，另有些民族则仅仅给婴儿裹上单薄的褓褓，如凯尔特人就如此。因为所有能够通过习惯适应的事物，都以及早开始培养这一习惯为宜，但应当循序渐进。儿童们的温暖体质很容易训练得适应寒冷。

关于儿童的早期保育应按上述方式或其他类似的方式进行。接下来是5岁以前的时期，这一时期的儿童不能有任何学习任务或强制性的劳动，否则会阻碍其身体发育，同时还须注意使儿童保持一定的运动，以免他们的肢体僵滞，通过其他一些活动或嬉戏都可以做到这一点。但这些嬉戏不应流于卑俗，不应过于劳累或过于散漫。被称为"儿童法监"的官员要细心遴选适于儿童倾听的故事或传说。所有这些事项都应为儿童未来的生活道路做好铺垫，各种各样的嬉戏玩耍应当是他们日后将热心投入的人生事业的仿照。在法律中禁止儿童们哭叫的那些人做得并不正确，因为哭叫有益于儿童的生长发育，对他们的身体是一种锻炼。儿童们哭叫如同深呼吸运动一样，可以增强身体的力量。

"儿童法监"们应监督少儿的成长，此外尤其要注意的是避免儿童与奴隶在一起。7岁以前他们都应在家中抚养。即使尚且年幼，耳闻目睹都很容易使他们染上不良习气。总的说来，立法者务必尽力在全邦杜绝一切污言秽语，把它当成一件事来办。因为哪怕是轻微的丑话也会很快产生秽行。特别是年轻人，绝不能说或者听这类秽语。一个还没有取得参加共餐资格的自由人如果被发现在言语或行为上犯禁，必须施之以责斥和体罚。年长的自由人如果言行与奴隶无二，就须剥夺其共餐资格。既然我们禁止这类言语，显然也应该禁止人们观看淫秽的图画和戏剧表演。要委任行政官员监察一切临摹和图画，防止它们模仿淫秽的行为，不过法律允许的为某些这类神祇举行的节庆场合要除外。法律允许成年人为了他们自己以及妻子儿女崇拜这些神祇。但是在青年达到有资格参加共餐和饮酒的年龄之前，立法者应禁止他们吟诵长短格的诗歌或观看喜剧，达到年龄后教育才能使他们摒绝这类作品的不良影响。

我们已经粗略地论述了顺便涉及的这些问题，后面将更为详细地加以阐明，并将确立依照我们假拟的必要法规，执政者应不应该首先对这些事情进行管理，以及怎样进行管理。悲剧演员德奥尔罗不允许任何别的演员（哪怕是位微不足道的演员）先于他登台，他这样做很有几分道理。因为观众对他们首先听到的演唱总是动情的。这一点同样也适用于诸多的人物或行为，我们经常偏爱最初的所见。所以少年们应当对一切恶劣的事物保持陌生，其中尤须摒绝包藏仇恨和邪恶的事物。5 岁之后，到 7 岁为止的两年时间里，他们应当观看将来要学习的事情。教育要分为两个年龄阶段，即从 7 岁至青春期的阶段和从青春期到 21 岁的阶段。那些以 7 为单位来划分年龄周期的诗人们大体上没有说错，不过我们应按自然的差异来划分，因为一切艺术和教育都谋求弥补自然的不足。

此后，我们应首先考虑，是否应确立某种关于儿童的制度；其次，是否应由全邦公民共同监护儿童或者应采取私人监护的方式（如今这种方式正在大多数城邦流行）；第三，这种制度应该具有什么样的性质。

【导读】

教育问题归根结底就是培养什么人（教育目的）、用什么培养人（教育内容）和如何培养人（教育方法）的问题！对三者及其关系的回答可以诉诸经验、习惯，也可以付诸理性、制度，两者之间主要不是认识程度的差异，而是实践理性的差异。

第八卷[1]

【文本简析】

第1节，城邦的每一个人对青少年都要施以共同的城邦教育，避免各自为主、各自施教的单独教育，对此，斯巴达的教育是典范；第2节，城邦对青少年的教育，内容与方式的选择是关键，选择的标准是为自己、为朋友或出于德性的目的；第3节，读写、体育、音乐、绘画四项教育内容的教育目的主要在于涵养自由、充实闲暇；第4节，教育的"度"要符合自然，"过"之害甚于"不及"；第5节，音乐教育思考；第6节，音乐教育原则；第7节，教育遵循的原则：中庸、可能的与适当的。

【原文节选】

1. 谁也不会有异议，立法者最应关心的事情是青少年的教育，因为那些没有这样做的城邦的政体都深受其害。应该教育公民适应他生活于其中的政体，因为每一政体一开始就形成了其固有的习俗，起着保存该政体自身的作用。例如，平民制的特征之于平民政体，寡头制的特征之于寡头政体，其习惯特征愈优良，由之而来的政体也就愈修明。

一切能力和技术的个别运用，都需要预先的训练和适应，显然德性的运用也是如此。既然整个城邦有着唯一的目的，那么很明显对所有的公民应实施同一种教育。对教育的关心是全邦共同的责任，而不是私人的事情——今天的情况则是各人关心各自的子女，各人按自己认可的准则施教。然而对于共同的事情应该实施共同的教育。同时不能认为每一位公民属于他自己，而要认为所有公民都属于城邦，每个公民都是城邦的一部分，因而对每一部分的关心应当同对整体的关心符合一致。以此而论，斯巴达人应该受到赞扬，因为他们尽了最大努力来训练儿童，把儿童的教育作为全邦的共同责任。

2. 显而易见，在教育方面应有立法规定，并且教育应是全邦共同的责任，但也不能忽视教育的内容以及实施教育的方式。关于教育的实例，如今是众说纷纭。无论是有关德性还是有关最优良的生活，人们对年轻人应该学习的

---

[1][古希腊]亚里士多德著，颜一、秦典华译.政治学[M].北京：中国人民大学出版社，2003.267—282.

内容莫衷一是，至于教育应该偏重于思想内容还是偏重灵魂的伦理特性，人们同样是争论不休。现今实施的教育也令人迷惑难解，谁也不清楚应当进行什么样的训练，不清楚应当注重生活的实用还是应注重德性的修养或卓越的智识。所有的观点都有人称是，一旦涉及德性问题，依然是各执一词。因为不同的人所崇尚的德性不会直接相同，从而他们关于修养德性的观点理所当然地要彼此相异。有一点很清楚，就是儿童应该学习种种必需的和实用的事务，但还不是全部实用的事务，因为它们明确分为自由人的和非自由人的两类，儿童们只能从事工匠们不能从事的有关实用事务。任何工作、技术和学识倘若使得自由人的身体和思想不适合于德性的运用和实行，都应认为与工匠的营生同类。因此我们称为工匠的贱业的种种技艺都败坏公民的身体，而领取酬金的活计会劳瘁公民并贬抑其思想。还有一些自由人的知识领域，某些人大致可以不失身份地参与其中，但如果他们过于尽力、刻意求精，就同样会受到上述的危害。一个人行为或学习所为的目的能产生很大的差异，为自己为朋友或者是出于德性的行为都不会丧失身份，然而一旦出于其他目的，同样的行为往往就会显出卑贱和奴性。现行的教育科目，根据前面所说，就可以分为这样两类。

3. 习惯上教育大致可以分为四种，即读写、体育、音乐和有些人加上的绘画。读写和绘画知识在生活中有许多用途，体育锻炼有助于培养人的勇敢，关于音乐则有些疑问。今天大多数人修习音乐都是为了娱乐，但是最初设置音乐的目的则在于教育。我们多次说过，人的本性谋求的不仅是能够胜任劳作，而且是能够安然享有闲暇。这里我们需要再次强调，闲暇是全部人生的唯一本原。假如两者都是必须的，那么闲暇也比劳作更为可取，并是后者的目的，于是需要思考，闲暇时人们应该做些什么。自然不应该是嬉戏，那样的话嬉戏就会成为我们生活的目的。如果不是这样，那么嬉戏就更多地是在辛勤劳作时所需要（因为辛劳之人更需要松弛，嬉戏就是为了放松，而劳作总是伴随着辛苦和紧张），那么我们只能在适当的时候引入嬉戏，作为一剂解除疲劳的良药。它在灵魂中引进的运动是放松，在这种惬意的运动中我们获得了松弛。然而闲暇自身能带来享受、幸福和极度的快活。忙碌之人与此无缘，只有闲暇者才能领受这份怡乐。忙碌者总是以某一未竟之事为目标而终日奔波，然而幸福就是一个目标，所有人都认为与幸福相随的应该是快乐而不是痛苦。当然，对于快乐，根据每个人的不同品格，各人自有各人的主张，最善良的人的快乐最为纯粹，源自最高尚的事物。因而显然应该有一些着眼于消遣中的闲暇的教育课程，这些教育和学习只为了自身范围的事物，而那些必需的有关劳务方面的教育则以自身之外的其他事物为目的。所以前人们把音乐归入教育，既不是作为必需之物——因为它不具备这种性质，也不是作为实用之物——因为音乐不像读写，在理财、家务、求知和政治活动等方面有着广泛的用途；它也不像绘画，有助于更好地鉴别各种艺术作品；它也不像体育，有助于健康和强壮，因为我们看不到音乐能起这样的作用。于是，剩下的可能就是在闲暇时的消遣，显然这是设置音乐课程的初衷。音乐被认为是自由人的一种消遣方式，故荷马在诗中这样说道：

恍如邀友同享欢宴，

接着又有一句描写应邀赴宴的宾客：

吟游诗人使一切人快乐。

在别的一些地方奥德修斯说这是最高尚的消遣，当朋友们开怀欢畅——

华堂列坐绮筵，

共听诗人清吟。

因而，应当有一种教育，依此教育公民的子女，既不立足于实用也不立足于必需，而是为了自由而高尚的情操。后面将要讨论，这样的教育应是一种还是多种，它们有什么内容，应采取什么方式等问题。至此我们已经做好了铺垫，从古人们那里可以找到某些证据，他们的规范教育体例中早就列进了音乐。此外，儿童们的教育中包括一些实用的课程，例如学习读写，但并非仅仅为了实用，而是为了通过它们得以步入更加广阔的知识天地。同样，学习绘画也并非为了在私下的交易中不致出差错，或者在各种器物的买或卖中不致上当受骗，而毋宁是为了增强对于形体的审美能力。处处寻求实用是对自由大度胸怀的极大歪曲。既然在教育方面习惯先于理性，身体先于思想，由此，显然预先应把儿童交给体育教师和角力教师，这些人分别能造就儿童的体质和教给他们身体方面的本领。

4.如今在那些似乎是最关心儿童的城邦中，有的只是造就了儿童运动员一般的体质，却损害了他们的体形和阻碍了他们的发育。斯巴达人虽然没有犯这种错误，他们却对儿童进行艰苦的训练，认为这样可以大大增强其勇敢。然而，正如我们多次重复的一样，教育不能仅以一种德性或最主要地以这种德性为关心的目标。即使他们致力于这一目标，也并没能付诸实现。因为在其他动物和人群中间，我们看到勇敢并不是与残暴结合在一起，而总是伴随着温顺的类似狮子的性格。有许多部落的人群喜好杀戮和宰食生人，例如居住在滂沱海沿岸的亚该亚人和亨尼沃契人，另有一些内陆的部落一方面与这两个部落相像，另一方面则有过之而无不及——他们靠劫盗为生，却没有勇敢的品德。我们熟知的斯巴达人，尽管他们不畏辛劳超出常人，而如今在体育竞技中和在战争中都已远落人后。他们早先的强盛并不起因于训练青年的方式，而是由于只有他们才进行了这种无人匹敌的训练。由此可知，首要的东西是高尚而不是残暴，狼或其他凶残的野兽不可能面临一个高尚的危险，只有善良之人才有可能慷慨赴险。有些人教育儿童过于注重粗野的身体训练，却忽略了必要的教诲，其实际的结果是把儿童变成了低贱的工匠。他们仅仅教给儿童们于政治有用的事情，可是就按这种做法其结果也不如他人。所以我们不需以过去的业绩来评价斯巴达人，而要看他们现在的情况，因为如今他们在教育或训练方面终于有了敌手，而早先却没有。

对于体育训练的作用和什么样的训练方式才能起作用，人们有一致的认识，青春期以前的儿童只应从事轻微的锻炼，并要避免严格的饮食限制和强制性的劳累，以免阻碍其身体发育。这类训练措施可能产生的恶果在奥林匹克竞赛的获胜者身上清楚地得到了印证，他们中最多只有二三人既能在少年时获胜，又能在成年时获胜，因为过早的剧烈训练损伤了少年选手的身体机能。青春期到来之后的三年里，应该学习一些其他课程，随后的年龄才适于从事剧烈的运动和接受严格的饮食限制。因为人的思想和身体不宜同时操劳，两种劳动天生彼此颉颃，身体的劳累妨碍思想，思想的劳累又妨碍身体。

5. 关于音乐，有一些理论上的疑难在前面已经提到了，此处让我们重提旧话，做更进一步的完善论述，以便这些论述能够作为有关这一论题的任何探讨的引论。很难讲明，音乐具有什么样的力量，或人们为什么要修习音乐。是不是像睡眠和酣饮一样，音乐只是为了娱乐和放松呢？这些活动就其自身而言并非善良之举，只不过是安逸的享乐，因而欧里庇德斯说道："逸然思于止。"为这一缘故人们把三种同类事物并列：睡眠、酣饮和音乐，有些人还加上了舞蹈。是否应当认为，音乐能够培养人们的某种德性——就像体育对身体有所裨益一样，音乐造就某种习惯，使人们得以感受真实的愉悦；或者，音乐有益于充实人们的消遣和智慧（这是第三种论点）。然而教育少年明摆着不是为了嬉戏娱乐，学习并不是娱乐，它需要付出辛劳。这种年龄的少年也不宜逸乐，因为这终极的目的与尚不完全的人生状态并不相称。或许可以说少年们学习音乐，是为了他们长大成人后将能享受到的娱乐，果真如此的话，为何他们要躬身求学，而不像波斯或米地亚诸王那样通过听取他人演奏来获得享受和学识呢？况且那些专门从事音乐的演奏者的演奏技巧和效果肯定不是仅学了一鳞半爪、勉强能够演奏的少年所能企及。如果说人们必须不吝辛劳地学习音乐，那么为什么不可以认为他们也该去学学烹饪呢？实在是有些荒谬。即便是音乐可以陶冶性情，为什么他们一定要自己学习仍然是一个疑问，为什么就不能像斯巴达人一样在倾听他人的演奏中毫不费力地获得愉悦和鉴赏力呢？据说斯巴达人不学韵律，但对音乐有着良好的鉴赏力，能判断旋律是否得体。假如音乐有助于增加欢乐与自由的消遣，根据同样的道理我们还得问，为什么人们一定要亲身学习它而不愿舒舒服服地听人演奏呢？这里我们可以引证有关诸神的传闻，诗人们说宙斯自己并不唱歌弹琴。事实上我们把这类人称作乐工歌伎，一个人若非酒醉或嬉戏取乐，就不会做这种事情。

这些问题大概留待以后讨论为好。此处首先要考察的是教育是否应该设置音乐，以及在我们提到的三件事情——教育、娱乐和消遣中音乐能够起哪一种作用。很有理由认为音乐与全部三件事情相通，显出全部三种性质。娱乐是为了松弛，而松弛必定带来享受，它是医治劳苦的良药；至于消遣，人们公认它不仅包含高尚，而且包含愉悦，幸福就由这两者构成。所有人都说音乐是最令人愉快的事物，无论仅是旋律还是伴有歌唱，诗人缪塞奥说道："歌声是给死者的最大的快慰，因此，音乐作为令人抒怀的事物合情合理地进入了人们的交往和消遣活动。由此有人主张用音乐来教育青少年，因为所有有益无害的享乐不仅有利于人生的终极目的，而且可以带来轻松。尽管能够实现人生目的的幸运儿寥寥无几，但是人们时常可以暂释种种心头重负，仅仅为求开怀而坐享这份安娱之中的轻松和欢愉。来自音乐的享乐直抒人们的胸臆，自然是多有益处。

时而出现人们把娱乐当作人生目的的情况，或许是因为人生的目的之中确实包含几分享乐，不过不是偶发的欢乐，人们寻求终极的享乐时却以偶发的快乐取而代之，其原因在于诸种行为之中都有某种同于目的的东西。因为终极的目的不再企求任何未竟之物，而种种即刻的欢乐也无一企求将来的事物，仅仅是缅怀过去，比如说劳累和苦痛。这正是人们要从这类欢乐中享受幸福的原因，如果有人要追问这种原因的话。然而人们共享音乐，并非仅仅为了过去，而是由于认为它能带来轻松的感受。谁能断言音乐的本性中就不会产生比普通的快乐更为崇高的体验呢？人们不仅从中得到彼此共同的快乐感受（因为音乐的享受是自然而然的，所以不分年龄和性情，所有人都能倾心于音乐），而且应该察觉到音乐对性情和灵魂的陶冶作用。若是人们的性情通过音乐有了某种改变，上述这一点就十分清楚了。事实上人们的性情通过这样那样的韵律有了种种改变，当然奥林帕斯的歌喉所起的作用也不可低估。毋庸置疑，这些音乐造成灵魂的亢奋，这种亢奋是灵魂性情方面的一种激情。此外，当人们听到模仿的声音时，即使没有节奏和曲调，往往也不能不为之动情。

既然音乐带来快乐的享受，而德性在于快乐和爱憎的分明，那么，必须阐明的是，没有比培养正确的判断能力、学习在良好的情操和高尚的行为之中求取快乐更要紧的事情了。节奏和曲调模仿愤怒和温和、勇敢和节制以及所有与此相反的性情，还有其他一些性情。其效果十分明显，灵魂在倾听之际往往是激情起伏。在仿照的形象面前感到痛苦或快乐与亲临其境面对真实事物的感受几乎相同，好比一个人面对某人的雕像时倘若仅仅因其优美造型而不因别的缘故而生欣喜，他在亲睹雕像所仿照的原型时也必定会同样感到欣喜。其他各种感觉无一能够仿照性情，比如触觉和味觉。在观看事物方面有几分仿照关系，因为所见之物是事物的形象，不过只是在很小程度上的仿照，并非全部事物都进入这种感觉之中。此外，形象和颜色这类派生的视觉印象并不是与性情相同的东西，而只是性情的表征，即对激情状态的临摹。所有这些视觉形象与性情或情操的联系都不明显，因而不宜让青年人观看鲍桑的作品，而要让他们看波吕葛诺托或其他画家和雕塑家表达道德情操的作品。然而，旋律自身就是对性情的模仿，这一点十分明显，各种曲调本性迥异，人们在欣赏每一支乐曲时的心境也就迥然不同，有一些曲调令人悲郁，例如所说的吕地亚混合调；有一些令人心旌摇曳，例如轻松的曲调；另有一些令人神凝气和，似乎只有多利亚调才有这样的效果；弗利吉亚调则令人热情勃发。那些研究这一教育科目的人对此已经做了睿智的论述，他们以事实本身来支持他们的理论。关于节奏的道理也是一样，有的节奏习于沉静，有的习于轻捷，后者中又有一些较为粗俗，有一些较为高雅。从上述论述中可以知道，音乐对灵魂和性情能有什么样的影响，如若这种影响属实，显然就应该以此来教育青年。音乐的教导很适合少年的本性，青少年们由于年龄关系极不情愿忍耐那些缺少快乐的事物，而音乐在本性上就属于令人快乐的事物。而且，音乐的旋律和节奏可以说与人心息息相通，因此一些有智慧的人说灵魂就是一支旋律，另一些则说灵魂蕴藏着旋律。

青少年是不是需要亲自学习歌唱和演奏，对于这个前面提出的疑问，此处我们要明确指出，如某人亲身投入音乐活动，他感受到的影响就会大不相同。那些不参加音乐演奏的人很难或几乎不可能成为评判他人演奏的行家。同时，儿童们总须有事可做，阿尔古太的响器就被认为精巧适宜，这是父母为了使孩子们不致损坏家中什物给他们的玩具，因为小孩总是不能保持安分。这种响器与孩子们的童心极其吻合，其实（音乐）教育就是稍大一些的少年的响器或玩具。因而从以上所说可知，音乐的教育应该让青少年亲身参加演奏。

至于音乐对于不同年龄的人相宜还是不相宜，这并不难断定，而所谓研习音乐会流于低贱的说法也容易解答。首先，必须依据亲身体验，所以要趁青春年少时练习音乐，俟年岁长进，他们就可以不再躬身演奏，而此时他们已经由于少年时的学习造就了良好的判别能力和地道的欣赏能力。其次，关于修习音乐将会流于低贱的某些反对言论，其实很容易作答，我们只须考虑为了培养公民政治方面的德性，他们参加的音乐活动应有什么样的数量界限；他们应采取什么样的曲调与节奏；他们在学习中应该使用哪种乐器，因为乐器也有雅俗之别。明确了这些方面，就能答复上述反对意见，因为没有什么妨碍音乐产生某些粗俗或低级的效果。当然，不能让音乐的学习妨碍青少年日后的事业，也不能损害他们的身体，使他们不适于战争或政治方面的训练，无论是对当前的学习，还是对日后的应用而言。

6.音乐的学习要遵循的原则是：不能为参加竞赛而刻苦进行技术训练，也不能追求惊奇和高超的表演，这类表演在今天的一些竞赛中日趋流行，并且从竞赛进入了教育体制。应以青少年达到能够欣赏高雅的旋律和节奏的水平为限，而不能仅限于某些其他动物、奴辈和幼儿都能欣赏的普通音乐。显然，应慎重择取所用的乐器，笛管就不宜在教育中采用，其他需要技巧的乐器也一样，如竖琴一类的乐器，应该采用那些能够使学生在音乐或其他教育科目方面有所长进的乐器。此外，笛管不能表达道德情操，它过于激越，故在需要引发人们的宗教情感的场合使用笛管，较之在学习中使用它更为适宜。还有一种反对在音乐教育中采用笛管的意见，认为吹笛对发声有阻碍。因而前人果断地禁止少年和自由人使用笛管，然而最初他们一度允许吹笛。因为充足的财富使他们拥有更多的闲暇，对于德性亦是踌躇满志，再加上在波斯战争之前和战争期间所取得的辉煌成功，他们抛开了一切谨慎和小心，急于罗求所有的学科知识。因此笛类被列入了音乐课程。在斯巴达曾有一位合唱队指挥吹着笛管指挥合唱，而笛管在雅典是如此受欢迎，以致大多数自由人在这上面都有一手，塞拉斯波在颂扬合唱队时给笛师埃克凡底德的赞辞就明显地体现出这一点。后来的经验使人们能够更好地判断什么对德性有益或无益，于是他们舍弃了笛类和其他许多古老的乐器，例如四角八弦琴、多弦琴等旨在取悦听众的乐器，以及所有需要相当的指法知识的乐器，如七角琴、三角琴和三角四弦琴等。关于笛管的古老神话也有几分道理，它描述了雅典娜如何发明又抛弃了笛管。传说女神厌恶这种乐器是因为它使面部变得丑陋难看，这固然说得不错，不过更有可能是因为修习笛器对思想没有补益，而我们把知识与技术归于雅典娜。

于是，我们应当杜绝需要专门技巧的乐器和专重技巧的音乐教育——所谓专门技巧，是指旨为参加竞赛而训练的技巧。因为参赛者的表演不是为了自身的德性，而是为了取悦听众，追求一些庸俗的快乐。所以这种行当该由雇工而不是由自由人来干，表演者因此成为低贱的工匠，因为他们追求的目的是卑下的。观众的低级趣味往往降低了音乐的格调，结果是专业的乐工想方设法投合观众的喜好，观众从而造就了乐工的品性，甚至包括他们的身体动作。

7. 关于曲调和节奏，我们还须考察，是所有的曲调和节奏都适用于教育还是应当有所区分。又如，在推行音乐教育的过程中应采取同一种区分原则还是有所差别。既然我们看到音乐在于旋律和节奏，就不应忽略两者对教育分别有什么影响，以及是否我们应该向往好的旋律和好的节奏。但是关于这些问题，今天的一些音乐家和碰巧关心过音乐教育的哲学家已经恰如其分地做了大量的阐述，在这方面有志于做更细致研究的人不妨去研读这些人的著述，此处我们只是想从立法者的角度做些概要的论述。

依据某些哲学家给出了的划分，旋律可分为道德情操型的、行为型的和激发型的三类，各种曲调在本性上各自与其中某一特定类型相对应。但是我们仍然主张，音乐不宜以单一的用途为目的，而应兼顾多种用途。音乐应以教育和净化情感（净化一词的含义，此处不做规定，以后在讨论诗学时再详加分析）为目的，第三个方面是为了消遣，为了松弛与紧张的消释。显而易见，所有的曲调都可以采用，但采用的方式不能一律相同。在教育中应采用道德情操型，在赏听他人演奏时也可以采用行为型和激发型的旋律。因为某些人的灵魂之中有着强烈的激情，诸如怜悯和恐惧，还有热情，其实所有人都有这些激情，只是强弱程度不等。有一些人很容易产生狂热的冲动，在演奏神圣庄严的乐曲之际，只要这些乐曲使用了亢奋灵魂的旋律，我们将会看到他们如疯似狂，不能自制，仿佛得到了医治和净化——那些易受怜悯和恐惧情绪影响以及一切富于激情的人必定会有相同的感受，其他每个情感变化显著的人都能在某种程度上感到舒畅和松快。与此相似，行为型的旋律也能消除人们心中的积郁。所以那些在音乐剧场参加竞赛的人可以采用这类曲调和旋律。由于观众有两类，一类是受过教育的自由人，一类是工匠、雇工和其他诸如此类的鄙俗之人，也应该设立一些令后一类观众开心的竞赛和表演。这些音乐应当投合他们偏离了自然状态的灵魂，由于这个缘故他们喜欢听怪异的曲调，偏好紧张和过于花哨的旋律。每个人依照其自然本性来取乐，所以专职的乐师在为鄙俗的观众演出时，可以选用与他们相宜的那种音乐。在教育方面，据先前所说，则应采用道德情操型的旋律和曲调，比如前面提到过的多利亚调，但是我们也应接受那些通晓哲学和音乐教育的人所赞同的其他乐调。《国家篇》中的苏格拉底在多利亚调外只保留了弗利吉亚调是不妥当的，特别是在他反对使用笛类乐器的情况下。因为乐调中的弗利吉亚调与乐器中的笛类有着同样的功用，两者都令人亢奋和激越人心，诗歌便是证明。酒神热狂和所有这类冲动最适宜以笛管来表达，在各种乐调中则首推弗利吉亚调。第茜朗布诗体就与弗利吉亚调相配，对此音乐方面的行家可以列举出众多的论证，他们熟谙许多掌故，并说斐罗克塞诺斯曾经尝试用多利亚调来谱写他的（第茜朗布诗）《缪苏人们》，终究未能行通，其后不得不顺应诗体的本性采用与之协调的弗利吉亚调。所有人都承认多利亚调最为沉凝庄严，最能表达勇敢刚强的情操。既然我们主张避免极端以采取中庸，而多利亚调本性上在各种乐调中居中，那么在教育青少年时，显然适宜采用多利亚的旋律。

　　存在着两种目标：可能的目标与适当的目标，人更应该追求可能的目标，又应追求与自身情况相宜的适当目标。这些目标受年龄差异的影响，那些饱经岁月风霜的老者很难再唱紧张高亢的曲调，自然本性要求给这种年纪的人一些轻松的乐曲。正是在这一点上，一些擅长音乐的人十分恰当地批评了苏格拉底，责备他把轻松的曲调排挤于教育之外，其理由倒不是它们能使人飘然陶醉，而是这种陶醉本身不同一般（因为酒醉更主要是令人亢奋），竟然趋于消靡。所以一旦老之将至，就应额外选用一些轻松的曲调和旋律。此外，假如某一曲调井然有序且富教育作用，就宜于在儿童时期的教育中采用，例如吕地亚调，它在所有的曲调中显得最具备这种特征。这样，教育明显应基于三项准则：中庸、可能的与适当的。

【导读】

　　教育内容、教育方式的讨论，尤其是关于音乐教育的分析，不止是具体教育目标如对于自由、闲暇尤其是精神的安闲意义重大，其实，所有这一切的真正立足点都在于道德或者说城邦政治的需要！教育的三项原则——中庸、可能的与适当的，是亚里士多德哲学的原则，也是其政治学的圭臬！

主要参考文献

1. 北京大学哲学系外国哲学史教研室编译 . 古希腊罗马哲学 [M]. 北京 : 生活•读书•新知三联书店，1957.

2. 黑格尔 . 哲学史讲演录（第 2 卷）[M]. 北京 : 商务印书馆，1981.

3. [古希腊] 亚里士多德著，吴寿彭译 . 政治学 [M]. 北京 : 商务印书馆，1983.

4. [古希腊] 色诺芬著，吴永泉译 . 回忆苏格拉底 [M]. 北京 : 商务印书馆，1986.

5. [古希腊] 柏拉图著，郭斌和、张竹明译 . 理想国 [M]. 北京 : 商务印书馆，1986.

6. [古希腊] 柏拉图著 . 苏格拉底最后的日子——柏拉图对话集 [M]. 上海 : 上海三联书店，1988.

7. 崔录等 .20 世纪世界教育事典——名人名著 100 篇 [M]. 天津 : 天津教育出版社，1989.

8. 张斌贤等 . 西方教育思想史 [M]. 成都 : 四川教育出版社，1994.

9. 季苹编著 . 西方现代教育流派史论 [M]. 北京 : 北京师范大学出版社，1995.

10. 袁桂林 . 外国教育史 [M]. 长春 : 东北师大出版社，1995.

11. 向培风 . 智慧人格：苏格拉底、柏拉图、亚里士多德 [M]. 武汉 : 长江文艺出版社，1996.

12. 黑格尔，贺麟、王太庆译 . 哲学史讲演录（第 2 卷）[M]. 北京 : 商务印书馆，1996.

13. 王承绪等编译 . 西方现代教育论著选 [M]. 北京 : 人民教育出版社，2000.

14. [古希腊] 柏拉图著，张智任、何勤华译 . 法律篇 [M]. 上海 : 上海人民出版社，2001.

15. [美] 保罗•摩尔，苏隆编译 . 柏拉图十讲 [M]. 北京 : 中国言实出版社，2003.

16. [古希腊] 亚里士多德著，颜一、秦典华译 . 政治学 [M]. 北京 : 中国人民大学出版社，2003.

17. 张斌贤 . 历史上最具影响力的教育学名著 19 种 [M]. 西安 : 陕西人民出版社，2007.

18. [古希腊] 柏拉图著，吴飞译 . 苏格拉底的申辩 [M]. 北京 : 华夏出版社，2007.

19. 刘景云、张云龙 . 外国 100 位思想圣哲 [M]. 长春 : 吉林人民出版社，2008.

20. 王保星 . 西方教育十二讲 [M]. 重庆 : 重庆出版社，2008.